कलम की अनछुई स्याही

जहां हर पन्ना एक धड़कन है

गोविन्द राम वर्मा

notionpress.com
INDIA · SINGAPORE · MALAYSIA

ISBN 979-8-90451-300-9

सिर्फ़ तुम्हारे लिए

मैं "प्यार" लिखना चाहता हूँ,
सिर्फ़ एक लफ़्ज़ नहीं,
अनगिनत धड़कनों का
हिसाब लिखना चाहता हूँ॥

दुनिया के दायरों को पीछे छोड़कर,
हर रिश्तों के बंधनों से परे,
नाम और पहचान की दुविधा से दूर,
तुम्हें अपना कहने का अधिकार लिखना चाहता हूँ॥

मैं सुबह का उजाला लिखना चाहता हूँ
जो तुम्हारी मुस्कान से शुरू हो,
और रात की ख़ामोशी में खत्म
मैं हर अधूरी बात लिखना चाहता हूँ॥

मैं बस "प्यार" लिखना चाहता हूँ
किसी किताब के पन्नों पर नहीं,
तुम्हारे साथ ही ख़त्म होने वाला
एक सादा, सच्चा, और प्यारा सा,
करार लिखना चाहता हूँ॥

भूमिका

कुछ रिश्ते कभी नाम नहीं माँगते, बस एहसास चाहते हैं और कुछ बातें कभी कही नहीं जातीं, बस लिखी जाती हैं।

यह पुस्तक भी ऐसे ही ख़तों का संग्रह है, जिन्हें पढ़ने से ज़्यादा महसूस किया जा सकता है। यह शब्द काग़ज़ पर ज़रूर उतर आए हैं, लेकिन इनका असली घर किसी दिल की ख़ामोशी में है। यह ख़त किसी एक व्यक्ति से शुरू होकर हर उस दिल तक पहुँचते हैं, जिसने कभी प्रेम को दूरी में जिया है, तन्हाई में महसूस किया है, और यादों के सहारे सुकून ढूँढा है।

यहाँ प्रेम सिर्फ़ मिलन नहीं है—यह प्रतीक्षा है। यह सिर्फ़ साथ होना नहीं—बल्कि दूर रहकर भी भीतर बसे रहना है। यह स्मृति है, जो समय बीतने के बाद भी धुँधली नहीं पड़ती। यह उस खामोशी का नाम है, जिसमें किसी अपने की मौजूदगी की आहट साफ़ सुनाई देती है।

इन ख़तों में न तो कोई वादा है, न कोई दावा, न ही कोई निश्चित निष्कर्ष और न ही यहाँ कोई कहानी पूरी होकर खत्म नहीं होती, क्योंकि कुछ प्रेम कहानियाँ मुकम्मल होकर

भी अधूरी रह जाती हैं। यहाँ सिर्फ़ भाव हैं जो कभी अधूरे, कभी बिखरे हुए, कभी बेहद ठहरे हुए, और कभी इतने गहरे कि शब्द भी उन्हें छूने से पहले ठिठक जाएँ।

यह संग्रह उन पाठकों के लिए है, जिन्होंने कभी किसी के बिना पास हुए अपना माना है; जिन्होंने जाना है कि प्रेम का सबसे गहरा रूप अक्सर खामोश और अधूरा होता है और जिन्होंने समझा है कि हर रिश्ता साथ चलने के लिए नहीं होता कुछ रिश्ते बस दिल में ठहरने के लिए होते हैं।

यदि इन पन्नों के बीच आपको अपनी कोई अधूरी बात, कोई पुरानी याद, या कोई दबा हुआ एहसास मिल जाए... यदि पढ़ते-पढ़ते कभी आपकी आँखें भीगी हों या होंठों पर हल्की-सी मुस्कान आ जाए, तो यही इन ख़तों की सबसे बड़ी सफलता होगी। क्योंकि अंततः यह पुस्तक पढ़ने के लिए नहीं, केवल महसूस करने के लिए लिखी गई है।

भाग – 1

आरंभ
(आकर्षण से इबादत तक)

"जहाँ प्रेम पहली बार धड़कन बनकर नाम लेता है,
और एक साधारण एहसास धीरे-धीरे इबादत में
बदल जाता है।"

01

तुम्हारा नाम

प्रिय स्याही,

तुम्हें इस नाम से पुकारना शायद अजीब लगे, पर मेरे लिए तुम वही स्याही हो जिससे मेरी हर भावना आकार लेती है। यह पहली बार नहीं है जब मैंने कलम उठाई है, लेकिन पहली बार ऐसा है कि दिल ने खुद को रोकना छोड़ दिया है और मानो हर बात काग़ज़ पर उतर आना चाहती है।

हम दोनों अपनी-अपनी दुनिया में आगे बढ़ चुके हैं–कम से कम ऊपर से तो यही दिखता है। वैसे तुम्हारी दुनिया में शायद मेरा कोई ज़िक्र भी नहीं होगा,

लेकिन मेरी दुनिया आज भी तुम्हारे इर्द-गिर्द ही घूमती है। दिन गुजर जाता है, लोग मिलते हैं, बातें होती हैं, पर हर शोर के बीच तुम्हारी खामोशी साफ़ सुनाई देती है।

मैं बदल गया हूँ या नहीं, यह तो मैं नहीं जानता, लेकिन तुम्हारी जगह आज भी वैसी ही है–अधूरी, मगर अटल। कई बार खुद से पूछता हूँ कि अगर एक बार तुम सामने आ जाओ तो क्या कहूँगा... शायद कुछ भी नहीं। बस देखता रह जाऊँगा, जैसे वक्त वहीं ठहर गया हो।

यह ख़त किसी जवाब के लिए नहीं, बस अपने भीतर के शोर को थोड़ा कम करने के लिए लिख रहा हूँ। शायद यही मेरा तरीका है तुम्हें अपने पास महसूस करने का, बिना तुम्हें छुए।

तुम्हारा कलम...

02

आकर्षण की बारिश, प्रेम का समंदर

प्रिय स्याही,

तुमने एक बार 'आकर्षण' शब्द कहा था, और तब से मैं उसी के अर्थ में उलझा हुआ हूँ। पहले लगा था कि आकर्षण ही प्रेम है–जो आँखों को अच्छा लगे वही दिल का सच होगा।

लेकिन अब समझ आता है कि आकर्षण ठहरता नहीं, वह तो बस एक क्षणिक चमक है; जबकि प्रेम धीरे-धीरे भीतर उतरता है और फिर वहीं रह जाता है।

शायद मैंने उसी जल्दबाज़ी में तुम्हें समझ लिया था, या यूँ कहूँ कि खुद को ही समझा लिया था। तुम्हारे पास रहकर भी तुम्हें ठीक से जान नहीं पाया, और अब दूर रहकर हर छोटी बात याद आती है–तुम्हारी आवाज़, तुम्हारी मुस्कान, यहाँ तक कि तुम्हारी खामोशी भी।

आज जब पीछे मुड़कर देखता हूँ तो लगता है कि जो था, वह सिर्फ़ आकर्षण नहीं था... लेकिन जो नहीं है, वह शायद प्रेम की ही कमी है।

अब यह तय करना मुश्किल है कि तुम्हें भूलना चाहिए या तुम्हें वैसे ही याद रखना चाहिए जैसे तुम थी–अधूरी, लेकिन सच्ची। शायद कुछ रिश्तों को नाम देने से ज्यादा जरूरी होता है उन्हें महसूस करना।

तुम्हारा कलम...

03

बस एक नज़र और

प्रिय स्याही,

"तुम बहुत सुन्दर हो" ऐसा मैं नहीं लोग बोलते हैं, और मैं भी इस बात से इंकार नहीं करता। पर जो मैंने तुम्हें देखकर महसूस किया है, वह सिर्फ़ सुंदरता तक सीमित नहीं है। तुम्हें पहली बार देखने के बाद से ही एक अजीब-सा ठहराव मेरे भीतर आ गया था, जैसे भागती हुई ज़िंदगी अचानक कुछ पल के लिए थम गई हो।

कई बार सोचा कि अगर तुम्हें पास बैठकर देख पाता तो शायद यह बेचैनी कम हो जाती। पर अब समझ आता है कि मैं तुम्हें देखने में इतना खो गया कि तुम्हें समझना भूल गया। तुम्हारी हँसी के पीछे क्या था, तुम्हारी खामोशी क्या कहती थी–यह सब जानने की कोशिश ही नहीं की।

शायद प्रेम की शुरुआत यहीं से होती है–जब हम सामने वाले को उसके रूप से नहीं, उसके भीतर से समझने लगते हैं। और मैं वहीं चूक गया। अब अगर कभी तुम सामने आओ, तो इस बार तुम्हें सिर्फ़ देखना नहीं, समझना चाहूँगा। शायद देर हो चुकी है, पर एहसास अब सही है।

तुम्हारा कलम...

04

जब दर्पण शरमा जाए

प्रिय स्याही,

तुम्हें देखना हमेशा एक अलग अनुभव रहा है। जैसे कोई आईना खुद को देखकर भी ठहर जाए, वैसे ही तुम्हारी सादगी में कुछ ऐसा था जो हर बार मुझे थाम लेता था। तुम्हारे चेहरे पर वह सहजता थी, जो किसी बनावट से नहीं आती–वह भीतर की सच्चाई से आती है।

मैंने कई बार तुम्हें बिना कुछ कहे देखा है, और हर बार ऐसा लगा जैसे कोई कहानी चल रही हो, जिसे सिर्फ़ महसूस किया जा सकता है, समझाया नहीं जा सकता। तुम्हारी मुस्कान में जो सुकून था, वह शायद किसी शब्द में नहीं समा सकता।

पर अब समझ आता है कि मैंने तुम्हें एक एहसास बनाकर ही रख दिया। तुम्हें एक इंसान की तरह देखने के बजाय, तुम्हें अपनी कल्पना का हिस्सा बना लिया।

शायद इसी वजह से तुम मुझसे दूर हो गई, और मैं अब भी तुम्हें वहीं ढूँढ रहा हूँ जहाँ तुम कभी थी ही नहीं।

तुम्हारा कलम...

05

ख़ास होने का भ्रम

प्रिय स्याही,

कभी लगता था कि मैं तुम्हारे लिए कुछ ख़ास हूँ। तुम्हारी छोटी-छोटी बातें, तुम्हारी मुस्कान, तुम्हारा यूँ ही हाल पूछ लेना—सब कुछ मुझे यही एहसास दिलाता था कि मेरे होने से तुम्हें फर्क पड़ता है।

लेकिन अब जब पुरानी दिनों को याद करता हूँ, तो लगता है कि वह सब मेरा भ्रम था। तुम तो सबके साथ वैसी ही थी, और मैं उसे केवल अपने लिए समझ बैठा। तुम्हारे सामान्य व्यवहार को मैंने अपने लिए विशेष मान लिया।

सच बताऊँ तो उस वक़्त यह समझ नहीं पाया कि किसी की ज़िंदगी में जगह बनाना और किसी की ज़िंदगी बन जाना—दोनों में फर्क होता है। मैं हमेशा दूसरी बात सोचता रहा, जबकि तुम पहली पर ही रुकी रही।

आज यह सोचकर थोड़ा दुख होता है, पर साथ ही एक सीख भी मिलती है—हर एहसास सच्चा नहीं होता, और हर नज़दीकी प्रेम नहीं होती।

तुम्हारा कलम...

06

शक्कर जितनी याद

प्रिय स्याही,

इस बार की दीपावली भी बीत गई, जैसे हर साल बीतती है–थोड़ी रोशनी, थोड़ा शोर, और बहुत-सी खामोशी के साथ। घर से दूर रहना हमेशा थोड़ा अधूरा लगता है, पर इस बार तुम्हारी कमी ने इसे और गहरा बना दिया था।

घर से दूर इस दीपावली में मैं ज़्यादा उदास नहीं हूँ क्योंकि यहाँ कि "चाय" मुझे हर घूंट में घर का एहसास कराती है और तो और घर की और यहाँ की चाय में कोई अन्तर नहीं है बस चाय पीते वक़्त यहाँ की चाय में मैं ज़रा ज्यादा शक्कर डालता हूँ।

लोग कहते हैं मीठा ज्यादा है, पर मुझे उसमें घर की याद मिलती है क्योंकि चाय की मिठास "माँ" की याद दिलाती है और शायद थोड़ी तुम्हारी भी। हर घूंट के साथ जैसे कुछ पल के लिए सब ठीक हो जाता है, जैसे मैं फिर उसी समय में लौट गया हूँ जहाँ तुम थी।

धीरे-धीरे समझ आया है कि कुछ लोग हमारी ज़िंदगी से चले जाते हैं, पर उनकी जगह खाली नहीं होती। हम बस उनके साथ जुड़ी छोटी-छोटी आदतों में उन्हें ढूँढने लगते हैं।

शायद तुम भी अब एक आदत बन चुकी हो—मीठी, लेकिन हल्की-सी कसक के साथ।

तुम्हारा कलम...

07

प्याली भर इश्क़

प्रिय स्याही,

मेरी जिन्दगी की ना जाने कितने ज़ख्मों की दवा हैं "चाय"। मेरे साथ चलने वाली हर एक कहानी की गवाह हैं चाय। पता नहीं क्या रिश्ता है तुम्हारा लेकिन रोज़ सुबह सुबह चाय की प्याली सामने देखकर तुम्हारी यादों में खों जाता हूँ।

चाय अब सिर्फ़ चाय नहीं रही, वह एक एहसास बन गई है–तुम्हें याद करने का, खुद से बात करने का और उन लम्हों को फिर से जीने का जो अब सिर्फ़ यादों में बचे हैं।

सुबह की पहली चाय से लेकर रात की आखिरी चुस्की तक, हर बार तुम किसी न किसी रूप में सामने आ जाती हो। कभी किसी बात में, कभी किसी ख्याल में, तो कभी बस यूँ ही बिना वजह।

वैसे तो मेरे मन की केतली में बस तुम्हारें इश्क़ की चाय है, उसमें तुम्हारी मुस्कान रूपी चाय पत्ती, सुन्दर आँखों सी इलायची और गुलाबी गालों की अदरक है बस इंतजार है

तुम्हारें लबों की शक्कर की जिनसे मिलकर हमारे मिलन की मिठास और बढ़ जाएगी।

परन्तु संशय बस इस बात की है, यह इश्क़... चाय से है या तुमसे...? मैंने कई बार सोचा कि यह सब छोड़ दूँ, तुम्हें याद करना बंद कर दूँ... पर फिर लगा कि जो सच्चा था, उसे मिटाने की कोशिश क्यों करूँ? शायद यह इश्क़ अब पहले जैसा नहीं रहा, पर खत्म भी नहीं हुआ।

अब यह तुम्हारे साथ होने में नहीं, तुम्हें महसूस करने में जीता है और अजीब बात यह है कि इसमें भी एक सुकून है–अधूरा, लेकिन सच्चा।

तुम्हारा कलम...

08

आदत की हद तक इश्क़

प्रिय स्याही,

अब लिखने की आदत नहीं रहीं मेरी, लेकिन जब जब तुम्हारी तस्वीर देखता हूँ खुद को बेलगाम घोड़े के जैसा पाता हूँ। वैसे मेरी सभी आदतों ने तो तुम्हारें जाने के बाद ही अपना दम तोड़ दिया था और कुछ आदतें अपने आप छूट गईं, कुछ को मैंने छोड़ दिया...

लेकिन एक आदत अब भी बाकी है–तुम्हें याद करने की।

पहले लगा था कि यह सिर्फ़ एक एहसास है, जो समय के साथ खत्म हो जाएगा। पर अब समझ आता है कि यह आदत बन चुकी है, और आदतें इतनी आसानी से नहीं जातीं।

मैंने खुद को समझाने की बहुत कोशिश की कि अब आगे बढ़ना चाहिए, तुम्हें पीछे छोड़ देना चाहिए... पर हर बार वही रास्ता सामने आ जाता है जहाँ से तुम गुज़री थी।

अब तो मुझे अपने आप पर भी संशय होता है कि तुम्हें इतना चाहना मेरा प्यार था या मेरी आदत। शायद यह इश्क़ नहीं, मेरी कमजोरी है।

या शायद यही इश्क़ की असली पहचान है–जो छोड़ने पर भी साथ नहीं छोड़ता।

अब मैं इसे खत्म करने की कोशिश कभी नहीं करता, बस इसके साथ जीना सीख रहा हूँ।

तुम्हारा कलम...

09

ख्वाहिशों के झरोखे

प्रिय स्याही,

एक और साल गुजर गया। बहुत-सी उम्मीदें थीं, बहुत-सी ख्वाहिशें... पर ज्यादातर अधूरी ही रह गईं। जब मैं चन्द अच्छे लम्हों के लिए पीछे मुड़ा, तो लगता है कि सब आगे बढ़ गए, और मैं वहीं खड़ा रह गया जहाँ तुम मुझे छोड़कर गई थी।

मैंने कई बार कोशिश की कि खुद को संभाल लूँ, नई शुरुआत करूँ... पर हर बार तुम्हारी यादें रास्ता रोक लेती हैं। जैसे कोई अधूरी बात बार-बार खुद को पूरा करवाना चाहती हो।

फिर भी मैंने उम्मीद का एक छोटा-सा दिया जलाकर रखा है—शायद यह सोचकर कि कभी तो सब ठीक होगा। शायद तुम नहीं, पर मैं खुद को समझ पाऊँगा।

अब ख्वाहिशें कम हो गई हैं, पर जो बची हैं, उनमें तुम अब भी कहीं शामिल हो।

तुम्हारा कलम...

10

उम्मीदों की सुबह

प्रिय स्याही,

सुबह की पहली किरण के साथ प्रत्येक दिन मेरे अंदर ढ़ेर सारी उम्मीदें जन्म लेती हैं, "तुमसे मिलने की इच्छा" जो रोज़ भीतर ही बचपना के नटखटपना से होकर गुज़रते हुए अपनी युवावस्था में आते आते दम तोड़ दिया करती हैं,

पहले यह सब बहुत भारी लगता था, पर अब शायद मैं इसका आदी हो गया हूँ। शायद तुमको पता नहीं होगा, लेकिन चेहरे पर मुस्कान साथ लिए दिल के आँसु को पोछते हुए उस मृत देह का वजन ढोना कभी आसान नहीं होता।

सूर्य की "लालिमा" ने फ़ितरत बदलना शायद तुम्हारें गुलाबी गालों से ही सीखा होगा, जो पहले तो प्यारी लगती है और जब हम पास जाने लगते हैं तो हमको ही तड़पाने लगती हैं। वैसे एक बात बताना क्या "लालिमा" तुम्हारी कोई पक्की सहेली है...? या मुझे सताना तुमको अच्छा लगता है...? शायद यही सच है–कुछ लोग जिंदगी में आते हैं, और फिर कभी पूरी तरह जाते नहीं और कुछ उम्मीदें होती हैं, जो पूरी न होकर भी जीती रहती हैं।

तुम्हारा कलम...

11

मुस्कानों में तुम्हारी तलाश

प्रिय स्याही,

लोग कहते हैं कि इंसान जिनसे सबसे ज्यादा जुड़ा होता है, धीरे-धीरे वैसा ही बनने लगता है। शायद इसी वजह से अब लोग मुझमें तुम्हारी झलक देखने लगे हैं। जब भी कोई यह कहता है, मैं हल्के से मुस्कुरा देता हूँ... पर भीतर कहीं एक अनकही हलचल शुरू हो जाती है।

मैं खुद को गौर से देखने लगता हूँ—मेरी आदतें, मेरे शब्द, मेरी खामोशी... और सच कहूँ तो कई बार लगता है जैसे मैं खुद को नहीं, तुम्हें ढूँढ रहा हूँ।

भीड़ में चलते हुए किसी की मुस्कान अचानक तुम्हारी लगने लगती है, किसी की आवाज़ तुम्हारी सी सुनाई देती है, और दिल कुछ पल के लिए मान भी लेता है कि तुम पास हो।

लेकिन बहुत देर बाद एक धुंधली तस्वीर सामने आती है, हमारी आखिरी मुलाक़ात की, आज भी हर बार की तरह तुम्हारी प्यारी आँखों में मैं अवाक सा तुम्हें ताकता रह जाता हूँ, और तुम कब मुझसे दूर चली जाती हो मुझे पता भी नहीं चलता।

पर हर बार सच्चाई वर्तमान में वापस खींच लाती है–तुम नहीं हो।

शायद यही तलाश अब मेरी आदत बन गई है। तुम अब सिर्फ एक इंसान नहीं रही, तुम एक एहसास बन चुकी हो–जो हर जगह मिल जाता है, सिवाय तुम्हारे।

तुम्हारा कलम...

12

पंखुड़ियों पर ठहरा अतीत

प्रिय स्याही,

तुम्हारा दिया हुआ वह गुलाब आज भी मेरी किताबों के बीच दबा हुआ है। उसकी पंखुड़ियाँ अब सूख चुकी हैं, रंग फीका पड़ गया है... पर अजीब बात है कि उसकी खुशबू अब भी कहीं बाकी है। वैसे तुमसे बेहतर कोई नहीं जान सकता कि, वह कभी मोहब्बत का ताज हुआ करता था लेकिन आज महज राज़ बनकर मुरझा गया है।

जब भी उसे हाथ में लेता हूँ, ऐसा लगता है जैसे वक्त कुछ पल के लिए पीछे लौट गया हो। वही दिन, वही लम्हे, वही एहसास... सब कुछ फिर से सामने आ खड़ा होता है। मैं भूल जाता हूँ कि वह सब अब सिर्फ़ एक याद है, जिसे छू तो सकता हूँ, जी नहीं सकता।

कई बार सोचता हूँ—क्या इसे सँभालकर रखना सही है? या इसे भी बाकी चीज़ों की तरह छोड़ देना चाहिए? पर फिर लगता है कि कुछ यादें बोझ नहीं होतीं, वे हमें टूटने से बचाती हैं।

और जब तक मैं इस दुविधा से बाहर निकलता हूँ कि यह मेरा अतीत है, तब तक मेरी आँखों से आँसू निकलकर तुमसे मिलने की चाहत में उन पंखुड़ियों को भिगो देता हैं। क्या ऐसे भिगोने मात्र से वह गुलाब दोबारा फिर खिल जाएगा...?

शायद यह गुलाब अब प्रेम का नहीं, बल्कि उस प्रेम की गवाही है–जो सच्चा था, भले ही पूरा न हो सका।

तुम्हारा कलम...

13

अधूरी मुस्कान का मौसम

प्रिय स्याही,

कुछ मौसम बहुत खास होती है, उनमें इश्क़ की अनेकों दास्ताँ छुपी होती हैं जिनमें कुछ मुकम्मल तो कुछ अधूरे और कुछ तो इन दोनों के बीच कहीं ऐसे गुम रहता है जैसे बादलों के पीछे तारें।

अभी सर्दी का मौसम भी नहीं है लेकिन आज मुझे बहुत ज़्यादा ठण्ड लगी क्योंकि मेरे उम्मीदों के हाथ पैर चादर से बाहर निकल आये थे। मैं हर बार की तरह इस बार भी अपने चादर का आकार और प्रकार भूल गया था।

वैसे अब ना तो वह वक्त रहा और ना ही वह एहसास, मेरे पास रह गया तो केवल तुम्हारी यादें और ढ़ेर सारी तस्वीरें। सुनो तुम्हारी याद आते ही आसुओं का सैलाब आ जाता है और उनको रोको तो लबों पर अधूरी मुस्कान तैरने लगती हैं। क्या तुमने कभी मेरी मुस्कान नहीं देखी...?

पर सच यह है कि हर 'कुछ नहीं' के पीछे बहुत कुछ छुपा होता है। तुम्हारी याद, तुम्हारी कमी, और वह सब जो कभी मेरा था लेकिन अब नहीं है।

मैंने अब यह मान लिया है कि कुछ एहसास कभी खत्म नहीं होते। वे धीरे-धीरे हमारे जीने का हिस्सा बन जाते हैं– हमारी हँसी में, हमारी खामोशी में। शायद यह अधूरी मुस्कान भी उसी का हिस्सा है–जो दिखाती है कि मैं ठीक हूँ... पर पूरी तरह नहीं।

तुम्हारा कलम...

14

एकांत में तुम्हारी अनकही मौजूदगी

प्रिय स्याही,

ना चाहते हुए भी तुम्हारी यादों की बारिशें मुझे हमेशा भीगा देती हैं और बारिश से बचने की नाकाम कोशिशे मुझे तुम्हारी यादों के समन्दर में डुबा देती हैं।

शायद तुमको पता नहीं होगा लेकिन पुस्तकालय जाना अच्छा लगना इसी का परिणाम है, वैसे किसी भी स्थान का अच्छा लगना परिस्थिति की अनुकूलता पर निर्भर करती है। असल में हम स्थान को पसंद नहीं करते काफ़ी हद तक हम पसंद करते हैं तो उस वातावरण को, जिसके हम आदी हो जाते हैं।

यहां पर भी दूसरों की रचनाओं में तुम्हरी उपस्थिति का अनुभव कर, मैं खुद को भूल जाता हूँ और बस तुम्हारें साथ, एक हो जाने के सपने संजोता हूँ और ठीक इसी समय मेरे चारों ओर की हवा मुझे एक ऐसी जगह ले जाती है जहां बस हम दोनों ही रहते हैं वैसे उस समय बाहरी दुनिया का शोर

कम हो जाता है साथ ही मेरी सारी चिंताएँ, शांति और सुकून में परिवर्तित हो जाता है।

तुम्हारी यादें हर वक्त मेरे साथ रहती हैं–चुपचाप, बिना शोर किए। कभी किताबों के पन्नों के बीच, कभी किसी अधूरी पंक्ति में, तो कभी बस यूँ ही किसी ख्याल में... तुम हर जगह मिल जाती हो। ऐसा लगता है जैसे तुम कहीं गई ही नहीं, बस दिखना बंद कर दिया है। क्या सच में यहां की प्रत्येक रचना केवल तुम्हारें लिए रहती हैं...? या यह भी मेरा भ्रम है...?

तुम्हारा कलम...

15

इश्क़ का एकतरफ़ा रास्ता

प्रिय स्याही,

आज शाम जब मैं तुम्हारी यादों को साथ लेकर पोर्ट ब्लेयर की सड़कों पर निकला तो मुझे पुलिस वालों ने रोक लिया, दरअसल एक शराबी ने मुझे टक्कर मार दिया और शायद जितना नशा में वह था उससे कहीं ज्यादा मैं था, तुम्हारे प्यार के नशे में।

उस शराबी को तो पुलिस अपने साथ ले गयी फिर भी मुझे लगता है गलती मेरी ही थी, जो सामान्य सड़कों पर भी इश्क़ का रास्ता समझ कर मनमानी से चल रहा था और इश्क़ का रास्ता हमेशा से एकतरफ़ा ही रहता है, वापसी में दुर्घटनाओं का खतरा हर कदम पर बना रहता है।

वैसे दुनिया मे अनेकों घटनाएं घटित होती है जो हमे अपार खुशी या तकलीफ़ देते है लेकिन आँखों में आंसुओ का आना और पलकों से निकलने से पहले ही सुख जाना उन सबमें सबसे अधिक दुःखद दुर्घटना है।

अच्छा तुम्हारे हिसाब से कौन सा नशा अच्छा है शराब का या प्यार का...? क्या तुम भी पुलिस की तरह मुझे पकड़ कर नहीं रख सकते, हमेशा हमेशा के लिए अपने पास...?

तुम्हारा कलम...

16

तुम तक पहुँचने से पहले

प्रिय स्याही,

आज मैं रायपुर गया था, माफ़ करना तुमने पूछा नहीं फिर भी मैं पागलों की तरह बता रहा हूँ। तुम्हें तो मेरी फ़िकर नहीं रहती लेकिन ख़ुद का हाल-चाल पूछना कितना अज़ीब लगता है मुझे आज पता चला।

आज आईने के सामने खड़ा होकर ख़ुद की ही ख़बर ले रहा था दरअसल मैं उस पल को जीना चाहता था जिस पल तुमसे पहली बार मिलने के लिए तैयार हो रहा था। आईने में मैं था तो लेकिन ध्यान तुम्हारी ओर भाग रहा था।

तुमने ध्यान नहीं दिया होगा लेकिन पहली मुलाकात में मुझसे पहले तुमसे मिलने मेरा दिल और धड़कन पहुंच चुका था। ख़ैर तुम्हें इन बातों से कोई फ़र्क़ नहीं पड़ा था, और शायद अब भी नहीं पड़ेगा। फिर भी न जाने क्यों, मैं हर बार वही पहली मुलाक़ात अपने भीतर दोहरा लेता।

उस वक़्त सब कुछ कितना अलग था—उम्मीदें थीं, उत्साह था और सबसे बड़ी बात... तुम्हारे होने का यकीन था। अब सब कुछ है, बस वह यकीन नहीं रहा।

मैंने खुद से कई बार पूछा कि अगर आज फिर से तुमसे मिलना हो, तो क्या बदल जाएगा? शायद कुछ नहीं... क्योंकि बदलने के लिए अब कुछ बचा ही नहीं।

फिर भी, कहीं ना कहीं यह इच्छा अब भी जिंदा है–कि एक बार फिर वही पल लौट आए, जब सब कुछ शुरू होने वाला था।

तुम्हारा कलम...

17

कानों की तन्हा प्यास

प्रिय स्याही,

मैं ठीक हुँ या नहीं यह बात तो तुमको शायद बहुत आसानी से पता चल जाती होगी, लेकिन तुम्हारे बारे में जानना मेरे लिए ठीक वैसा ही जैसे उड़ती चिड़िया के पंख गिनना या किसी चूहे का पहाड़ तोड़ना।

सुबह शाम मैं एक ही दुविधा में रहता हूँ, कि - "क्या तुम जो बाते करती हो वह सब मेरे लिए रहता है, या किसी और के लिए...?" ख़ैर बातें किसी के लिए हो मुझे तो बस इस बात से बेशुमार ख़ुशी मिलती है कि बातें तुम करती हो और तुम्हारी बोली की तुलना कोयल से करना भी मुझे बहुत कम लगता है, उस बोली ख़ातिर ही तो मैं बावरा हुआ हूँ।

तुम्हारी आवाज़...

यह शायद वह चीज़ है जो सबसे ज्यादा याद आती है। शब्द क्या थे, यह अब याद नहीं, पर उनका एहसास अब भी वैसा ही है–गहरा और सच्चा।

कई बार भीड़ में भी लगता है कि तुमने मुझे पुकारा। मैं पलटकर देखता हूँ, पर वहाँ कोई नहीं होता। फिर समझ आता है कि यह सिर्फ़ एक आदत है–तुम्हें सुनने की आदत।

क्या मेरी कानों की प्यास बुझाओगी नहीं...? क्या मेरी दशा जानकर तुमको कभी तरस नहीं आता...? वैसे मैंने अब यह मान लिया है कि कुछ आवाज़ें कभी पूरी तरह खत्म नहीं होतीं। वे हमारे भीतर गूंजती रहती हैं, चाहे बाहर कितनी भी खामोशी क्यों न हो। तुम्हारी आवाज़ भी अब मेरे अंदर ही कहीं बस गई है–जहाँ से वह हर दिन मुझे पुकारती है, और मैं हर बार उसे सुनने की कोशिश करता हूँ।

तुम्हारा कलम...

18

एक हाथ उम्रभर के लिए

प्रिय स्याही,

तुम ज़रा-सा हाथ थाम लो ना मेरा क्योंकि इस भीड़ में मैं सचमुच खो सकता हूँ। दुनिया की इस भाग दौड़ में लोग बहुत पक्के हैं, लेकिन मैं अब भी दुनियादारी में बहुत कच्चा हूँ, छोटी-छोटी बातों से मेरा दिल भर आता है, और कभी-कभी बिना वजह भी आँखें भीग जाया करती हैं।

शायद मैं मजबूत दिखता हूँ, पर अंदर से अब भी उतना ही नाज़ुक हूँ। तुम्हारा वो क्षणिक स्पर्श आज भी याद है जैसे किसी तपते दिन में ठंडी हवा का झोंका। कभी-कभी सोचता हूँ, अगर वो एहसास सच नहीं था तो क्या मैं गंगा में हाथ धोकर अपने ही यक़ीन को झुठला सकता हूँ, लेकिन सच तो यह है कि वो लम्हा मेरी रूह पर लिखा रह गया है।

मैं बस इतना चाहता हूँ कि जब जब यह दुनिया मुझे धक्का दे, तो तुम्हारा हाथ मुझे संभाल ले। क्या तुम अपना हाथ और साथ, हमेशा मेरी तरफ बढ़ाओगे ना...? वैसे मैं यह बात भली भांति जानता हूँ कि कुछ हाथ हमेशा के लिए नहीं होते—वे बस हमें संभालने के लिए थोड़ी देर के लिए आते हैं।

तुम्हारा कलम...

19

इबादत-ए-दिल

प्रिय स्याही,

न जाने क्यों, दिल की भी अपनी अलग ज़िद होती है। लाख समझाऊँ इसे कि थोड़ा संभल कर धड़का करे, अपने जज़्बातों पर थोड़ा पहरा लगा ले, पर हर बार यह मेरी बातों को अनसुना कर देता है।

मैंने कई बार खुद से कहा कि अब यह सब खत्म कर दूँ, पर दिल हर बार मेरी बात मानने से इंकार कर देता है। दिल को समझाना अब बिल्कुल आसान नहीं रहा। जितना रोकता हूँ, उतना ही वह तुम्हारी तरफ भागता है। जैसे हर धड़कन का एक ही नाम हो–तुम।

यह तो बस हर धड़कन के साथ तुम्हारा ही नाम दोहराता है, जैसे कोई इबादत हो जो कभी अधूरा रह ही नहीं सकता। मैं कई दफा सोचता हूँ, अगर मेरा दिल सच में बोल पाता तो शायद सबसे पहले तुम्हें ही पुकारता और अब मेरा हाल ऐसा है कि मेरी सुबह तुम्हारी सोच से खुलती है और रात तुम्हारी यादों में सिमट जाया करती है।

अच्छा है! दिल को अपनी बात कहने का पूरा हक़ नहीं दिया, अन्यथा सुबह शाम हर मौसम बस यहीं रट लगाए रखता कि - "मेरी जीने की वजह तुम हो, मेरी सुकून की जगह भी तुम।"

तुम्हारा कलम...

20

तेरे नाम की पनाह

प्रिय स्याही,

मैंने पूरा दुनिया घूम लिया, रास्तों की धूल भी ओढ़ लिया, बहुत शहरों की रौशनी भी देखी, खुद को भीड़ के शोर में खोकर भी देखा पर हर मोड़ पर एक खालीपन मेरे साथ चलता रहा। मुझे अब समझ आया कि मुझे दुनिया नहीं, बस तुम्हारा प्यार चाहिए था।

मैंने बहुत बार खुद को जोड़ने की कोशिश भी की टूटे हिस्सों को उम्मीद की डोर से बाँधा, मुस्कान के धागों से सीने की कोशिश की पर हर सिलाई अधूरी रह गई। शायद इसलिए कि मुझे खुद को जोड़ने के लिए बस तुम्हारा नाम चाहिए था।

वैसे तुम्हारा नाम मेरे लिए सिर्फ एक शब्द नहीं, एक ठिकाना है जहाँ मैं अपने सारे सवाल छोड़ सकता हूँ, बिना किसी जवाब की उम्मीद के। एक ऐसा आसमान, जहाँ मैं अपने सारे बिखराव उतार सकूँ। क्या तुम अपना नाम मुझे कुछ दिन के लिए नहीं दे सकते...?

खैर यही वजह है कि तुमसे दूर होकर भी मैं पूरी तरह बिखरा नहीं। तुम्हारी यादें अब भी मुझे संभाल लेती हैं–भले ही कुछ पल के लिए ही सही।

अब मैं तुम्हें पाने की कोशिश नहीं करता, बस तुम्हें एक एहसास की तरह अपने भीतर रहने देता हूँ–जहाँ तुम सुकून भी हो और साया भी।

तुम्हारा कलम...

भाग – 2

अंतराल
(भ्रम, टूटन और इंतज़ार)

"जहाँ सवाल ज्यादा हैं और जवाब कम,
जहाँ इंतज़ार ही मोहब्बत का सबसे सच्चा प्रमाण बन जाता है।"

21

मरीचिका सी मोहब्बत

प्रिय स्याही,

तुम्हारी चाहतों की चादर के नीचे जो प्यारी नींद मुझे आती है, शायद उनका असली हक़दार मैं नहीं हूँ, अगर रहता तो मेरा सिर तुम्हारी गोद में होता।

वैसे तो हर पल तुम्हारें अभाव को मैं तुम्हारें तस्वीर से सींचने की कोशिश करता हूँ, लेकिन यह वैसा ही पागलपन है जैसे किसी भीषण गर्मी में बरसात या रेगिस्तान में तालाबों के शहर की कल्पना करना।

मुझे मरीचिका देखने जैसी थोड़ी पल की खुशी तो होती है परन्तु यह भी क्षणिक होता है और अंत में मेरे साथ रोज़ एक उम्मीद भी सोती है कि तुम आओगी और अपनी सारी यादें मेरे तकिये तले से हटा कर अपने साथ मुझे ले जाओगी।

क्या तुम्हें मेरी नींद की थोड़ी भी चिंता नहीं है...? या अपनी गोद में सुलाने से डर लगता है...? वैसे तो कई बार लगता है कि यह सब मैंने ही अपने भीतर बना लिया है–एक ऐसा संसार जहाँ तुम अब भी मौजूद हो।

पर उस दुनिया से बाहर निकलने की हिम्मत नहीं होती, क्योंकि बाहर और भी ज्यादा सन्नाटा है। शायद यह मोहब्बत नहीं, एक आदत है... या फिर मोहब्बत हमेशा ऐसी ही होती है–थोड़ी सच्ची, थोड़ी झूठी, और पूरी तरह अधूरी।

तुम्हारा कलम...

22

इश्क़ का परिणाम

प्रिय स्याही,

हम सबकी ज़िन्दगी का यह सफर कितना भयानक और प्यार से भरा है! एक तरफ हम सभी प्रेम के इम्तिहान मे शामिल होना चाहते हैं और वहीं दूसरी तरफ प्रेम के बुनियादी पड़ाव में ही अनुत्तीर्ण होने के डर से, मुरझाई उम्मीद को अपने अकेले रास्तो का राही बनाकर खुद को बहुत दुर्बल बना लेते हैं।

वैसे मैं भी इस समय उतना ही कमज़ोर महसूस कर रहा हूँ जितना तुम मुझे छोड़ते समय सशक्त थी और अब तो लगता है कि प्यार एक बड़ा सा तूफ़ान हैं जो इसके प्रभाव मे आने वालों को लगातर बहाकर अपने साथ ले जाता है।

क्योंकि आज भी मैं तैयारी में उलझा रोज़ सुबह शाम हर पल तुम्हारी तस्वीर का दीदार कर तुमको पढ़ने की नाकाम कोशिश करता हूँ। तुमको क्या लगता है, इस बार मैं उत्तीर्ण हो जाऊँगा...? या किसी समय हकदार होने के एहसास के साथ ही जीना पड़ेगा...?

हर दिन तुम्हारी याद के साथ उठना और उसी के साथ सो जाना–अब यह दर्द नहीं, एक सच्चाई बन गई है। पहले इससे भागता था, अब इसे स्वीकार करने की कोशिश करता हूँ।

शायद इश्क़ का असली परिणाम यही है–हम वही नहीं रहते जो पहले थे। हम बदलते हैं, टूटते हैं, और फिर खुद को नए तरीके से जोड़ना सीखते हैं।

तुम्हारा कलम...

23

इश्क़ पूरा, परिणाम अधूरा

प्रिय स्याही,

बधाई हो! इश्क़ की परीक्षा में तुम उत्तीर्ण हों गयी यह मत पूछना की परीक्षा कब हुआ था क्योंकि यह बात तो मुझे भी नहीं पता। वैसे तो मैंने तुम्हारी जिंदगी रूपी खुली क़िताब को बखूबी पढ़ा था, फिर भी शायद कोई कसर रह गयी होगी तभी मैं परीक्षा में असफल रहा।

जहां तक मैंने अपनी तरफ से कोई कमी नहीं छोड़ी... या शायद छोड़ी होगी–यह सवाल अब भी मेरे अंदर कहीं जिंदा है। जवाब ढूँढने की कोशिश करता हूँ, पर हर बार सिर्फ़ खामोशी हाथ लगती है।

शायद हमारी दुनिया अलग थी, हमारी सोच अलग थी, और हम दोनों ने एक-दूसरे को वहीं से समझने की कोशिश की जहाँ से समझना मुमकिन ही नहीं था।

मैंने इश्क़ करना तुमसे ही सीखा है इस बात की मुझे बेहद ख़ुशी हैं, परिणाम जैसा भी रहा लेकिन मन में कुछ सवाल अब भी बाकी है जिनका जबाव केवल तुम्हारें पास है। क्या मेरी तैयारी में कोई कमी थी...? या तुमने मुझे कोई

दूसरा पाठ पढ़ाया जो परीक्षा में पूछा ही नहीं गया...? मेरी मन की इस दुविधा को अपने प्यार भरे रंग फैला कर दूर करो "स्याही"।

तुम्हारा कलम...

24

कड़वे पलों की मीठी छाँव

प्रिय स्याही,

सर्दियों का मौसम चल रहा लेकिन ना जाने क्यों आज धूप बहुत तेज़ थी, वैसे तो मुझे बिल्कुल परवाह नहीं है किसी भी प्रकार की गर्मी से, क्योंकि आग तो पहले ही अंदर मौजूद हैं। कुछ यादें अजीब होती हैं–वे हमें दुख भी देती हैं और सुकून भी। तुम्हारे साथ बिताए हुए पल अब कुछ ऐसे ही बन गए हैं।

जब उन्हें याद करता हूँ, तो दिल भारी हो जाता है, लेकिन उसी के साथ एक हल्की-सी मुस्कान भी आ जाती है। जैसे दर्द और सुकून एक साथ चल रहे हों, बिना एक-दूसरे को रोके।

कई बार सोचता हूँ कि इन्हें भूल जाना चाहिए, ताकि यह दर्द खत्म हो जाए। लेकिन फिर लगता है कि अगर यह यादें चली गईं, तो वह सुकून भी चला जाएगा जो इनके साथ जुड़ा है।

मैं पूरी दोपहर पेड़ के नीचे तुम्हारी गोदी में सर रख कर सोना चाहता हूँ, पेड़ की शीतल छाया में अपनापन घोलने के

लिए मैंने आज बंजर जमीन पर नीम का पौधा लगाया। क्या मेरे लिए तुम्हारा प्यार भी उस पौधे के साथ-साथ बढ़ेगा...? या उसके पत्ते की तरह हमेशा कड़वाहट बना रहेगा...?

शायद जो भी हो लेकिन इन्हीं वजह से मैं इन्हें जाने नहीं देना चाहता। क्योंकि हर कड़वे अनुभव में भी कुछ मीठा छुपा होता है–बस उसे महसूस करने की जरूरत होती है। और मुझे अब समझ आया है कि हर याद बोझ नहीं होती, कुछ यादें सहारा भी बन जाती हैं।

तुम्हारा कलम...

25

नज़रों की गिरफ़्त से पहले

प्रिय स्याही,

मैं बिल्कुल ठीक हुँ, बस मेरे दिल की जगह अब पैरों ने ले रखा है और इसका दर्द भी समय के साथ साथ जल्द ही कम हो जाएगा। वैसे तुमको हर बार की तरह यह बात भी पता नहीं होगी कि मेरे पैर में मोच तुम्हारी चाहतों की गलियों में घूमते वक्त हुआ।

दरअसल जब भी मैं तुम्हें देखने जाता हूँ तो गांव वाले मुझे ऐसे देखने लगते हैं मानो मैं जेल से भागा कोई क़ैदी हूँ और उनकी नजरों की गिरफ़्त में आकर क़ैदी बनने से पहले ही, वहां से भागना शुरू कर दिया लेकिन अचानक तुम्हारे दुःखों के पहाड़ से टकराकर मैं वही गिर गया।

तब से अब तक एक ही सवाल मुझे सताया करता हैं कि ऐसी कौन सी समस्या थी जिसने तुम्हें भी परेशान कर दिया था...? क्या वह समस्या मेरे प्यार से भी ज्यादा बड़ी थी, जो उसके लिए तुमने मुझसे दूरी बना ली...? क्या तुम्हारी गलियों में अब भी मेरे होने ना होने से तुमको थोड़ा भी फ़र्क नहीं

पड़ता...? अब मैं पास आने की कोशिश नहीं करता। क्योंकि कुछ दूरियाँ ऐसी होती हैं जिन्हें तय नहीं किया जा सकता, उन्हें बस स्वीकार करना पड़ता है।

तुम्हारा कलम...

26

ज़ुल्फ़ों के पार का सच

प्रिय स्याही,

मैंने बिना देखें ही तुम्हें अपनी कविताओं में कई मर्तबा उतारा है लेकिन तुम्हें देखने के बाद जब भी कलम उठाता हूँ, मैं केवल तुम्हारी आकाशिय नाक को ही छु पाता हूँ।

वैसे यहां तक पहुचना इतना भी सरल नहीं होता क्योंकि तुम्हारी ज़ुल्फें हर बार सरक कर आँखों तक आ जाती हैं और तुम्हारी आँखें विशाल सागर सा है जिसमें हर बार मैं डूब जाता हूँ ठीक उसी तरह जैसे रोज़ शाम दूर क्षितिज पर सूरज डूबा करता है, मेरे थोड़ा बहुत बचने का उम्मीद प्यारी मुस्कान की चमक के पिछे राज़ बनकर छिप जाया करती है।

उसके बाद भी मैं बस तुम्हारें बारे में लिखना चाहता हूँ, तुम्हारें अदाओं के हर इक पहलुओं को समझना चाहता हूँ और तुम देखना एक दिन मैं तुम्हारें दिल के सारे राज़ को जान लूँगा।

बस एक बात बताओ, स्याही...क्या मेरे शब्दों में बसे तुम्हारे प्रतिबिंब ने कभी तुम्हारे दिल के किसी कोने को छुआ है...? खैर मैं तो तुम्हारी खूबसूरती में उलझकर, तुम्हारे सच

तक पहुँच ही नहीं पाया। मैंने बस तुम्हारी हँसी देखी और तुम्हारी खामोशी को अनदेखा कर दिया। लेकिन अब समझ आता है कि जो दिखता है, वह पूरा नहीं होता। असली कहानी हमेशा उसके पीछे छुपी होती है।

तुम्हारा कलम...

27

माना कि तुम नहीं गयी

प्रिय स्याही,

तुम्हारें जाने के बाद मुझे हमेशा लगता था कि मैं पूरा नहीं हूँ और पूरा होने की उम्मीद में मैं वहीं खड़ा रहा, मेरा एक जगह पर पेड़ होना महज़ इत्तेफ़ाक था क्योंकि मैं यह कभी स्वीकार नहीं करना चाहता था कि तुम मुझसे दूर जा चुकी हों।

वैसे कुछ बातें गणित के किसी सवाल की तरह होती हैं जिन्हें "माना कि" से हल करना पड़ता है मैं भी इन बातों को "माना कि तुम नहीं गयी" कहकर हल करना चाहता था लेकिन गणित में मेरी पकड़ बहुत कमज़ोर थी, शायद इसलिए आज भी अपने सवाल हल करने के हर प्रयास के अंत में मैं ही गलत निकलता हूँ।

क्या बाकी की जिंदगी भी मुझे पेड़ बनकर ही गुजारना पड़ेगा...? या मुझे किसी अन्य स्थान से गणित की अतिरिक्त कक्षा लेनी पड़ेगी...? ताकि जिंदगी के बचे बाकि सवालों के हल सही से निकाल सकूँ।

तुम्हारा कलम...

28

घटित होने का भार

प्रिय स्याही,

घटना और परिणाम के बीच कुछ पल मुझसे कुछ कहकर ऐसे गुज़र जाते हैं जैसे किसी ने कुछ कहा ही ना हो और जब तक मुझे कुछ समझ आता है उससे पहले ही मेरे सवाल मुझे घेर लेते हैं।

कुछ बातें इतनी जल्दी हो जाती हैं कि समझने का समय ही नहीं मिलता। और जब तक समझ आता है, वह सब बीत चुका होता है। हमारा रिश्ता भी शायद ऐसा ही था–घटित हुआ, और खत्म भी हो गया, बिना हमें पूरी तरह समझने का मौका दिए।

दरअसल वह पल मेरी जिन्दगी से घट चुका रहता है और किसी घटना का घटित होना, उसके ठीक घटने से पहले घटित होने के बाद होने वाले परिणाम से अधिक दुःखद रहता है।

तुम्हें भी शायद यह बात पता होगी कि सही समय पर सही घटना का घटित होना बहुत मुस्किल घटना होती है।

क्या तुमने उस गुज़रते पल को अपने करीब महसूस किया है...? क्या तुम वह दुःख सहन कर पाओगी...?

पर अब यह सब सिर्फ़ सोचने की बातें हैं। जो हो चुका है, वह बदला नहीं जा सकता। बस उसे समझा जा सकता है और शायद धीरे-धीरे स्वीकार भी।

तुम्हारा कलम...

29

अंतर्मन की तकरार

प्रिय स्याही,

मुझे जिंदगी के हर कदम पर ऐसे कई सवाल मिले, जिनके ज़वाब मुझे पहले से कहीं ज्यादा उलझा देते हैं। वैसे चाहत तो मुझे भी थी कोमल फूलो वाले रास्तों की पर किस्मत में तो कांटे सहित गुलाब ही मिले। अब तो जिंदगी की आँख मिचोली और हमेशा हारने की बीमारी से थोड़ा टूट सा गया हूँ और हर हार मुझे कमज़ोर कर देता है।

मेरे अंदर हमेशा एक लड़ाई चलती रहती है–दिल और दिमाग के बीच। दिल अब भी तुम्हें चाहता है, और दिमाग उसे समझाने की कोशिश करता है कि यह अब सही नहीं है, जैसे क्रिकेट के मैदान में हमारे पसंदीदा खिलाड़ी आपस में भिड़ते है ठीक उसी तरह अक्सर मन और मस्तिष्क में तकरार लगातार बनी रहती है, इसमे जीत किसी की हो पर मुझे तो हमेशा हार ही मिलता है

और तब पता ही नहीं चलता कि एक नई शुरुआत की सोच में ना जाने कब अंत के करीब आ गया। क्या यह अंत

ही आरम्भ है...? और क्या अन्तर्मन की पीड़ा का बखान चंद शब्दों में किया जा सकता है...?

अब मैं थक चुका हूँ इस तकरार से और कभी-कभी लगता है कि सब कुछ छोड़ दूँ और खुद को वैसे ही स्वीकार कर लूँ जैसा मैं हूँ–बिना किसी सवाल, बिना किसी जवाब के।

तुम्हारा कलम...

30

समस्या का साया

प्रिय स्याही,

यह दुनिया बहुत छोटी है और उनमें भी बहुत कम लोग है, जो हमे समझते हैं या समझने की कोशिश करते होंगे। समझकर भी नासमझ बने रहना तुम्हें अच्छे से आता है लेकिन मुझे एक समस्या हमेशा ऐसे घेरे रहता हैं, जैसे वह बाकी दूसरी समस्याओं से मुझे सुरक्षा प्रदान कर रहीं हो। समस्या ज़्यादा बड़ी नहीं होती बस मैं उसके सामने चींटी बन जाता हूँ, और मैं समस्या की पहाड़ पर चढ़ तो सकता हूँ लेकिन उसको हटा नहीं सकता।

मुझे अब समझ आया है कि समस्या बाहर नहीं, मेरे अंदर है। मैं ही हूँ जो अतीत को छोड़ नहीं पा रहा, जो हर बार उसी जगह लौट आता है जहाँ से सब शुरू हुआ था। मैंने हमेशा हालात को दोष दिया, तुम्हें दोष दिया... पर खुद को कभी नहीं देखा। शायद इसलिए यह दर्द खत्म नहीं हुआ।

वैसे तो मुझे क्या समस्या है, यह जानने में तुम्हारी कोई दिलचस्पी नहीं है, लेकिन मैं अपना दर्द बाँट कर अपना बोझ

हल्का करना चाहता हूँ। क्या तुम चंद पल निकाल कर मेरी बाते सुनोगी...? क्या मुझे इस बोझ से राहत दिलाने में थोड़ी सहायता करोगी...?

तुम्हारा कलम...

31

गलतियों का बहता झरना

प्रिय स्याही,

"ग़लती" यह शब्द मेरे मन में बार बार ऐसे आता हैं जैसे कड़ी धूप में पसीना। हर बार मैं अपनी एक ग़लती सुधारने में लगा रहता हूँ और ठीक उसी पल अनजाने में दूसरी गलती कर बैठता हूँ, यह ठीक वैसा ही है जैसे झरना का पानी पहाड़ को ज़मीन से लगातार जोड़े रखता है।

मुझे पता है कि मैं बहुत ज्यादा गलती करता हूँ, लेकिन सभी गलतियाँ तो पेड़ के पत्ते जैसे इस दुनिया में अपना अलग-अलग अस्तित्व रखती हैं। क्या वक़्त, परिस्थिति और मौसम के आधार पर एक ही ग़लती बार बार दोहरायी नहीं जा सकती...? क्या एक ग़लती करके इंसान हमेशा के लिए गलत हो जाता है...?

मैंने खुद को बहुत समझाया कि सब ठीक हो जाएगा, कि समय सब कुछ पहले जैसा कर देगा। पर अब यह मानने लगा हूँ कि कुछ चीज़ें ठीक नहीं होतीं—वे बस खत्म हो जाती

हैं, और हमें उनके बिना जीना सीखना पड़ता है। शायद हमारा रिश्ता भी उन्हीं चीज़ों में से एक था–जो कभी बहुत सच्चा था, पर अब सिर्फ़ एक गूंज बनकर रह गया है।

तुम्हारा कलम...

32

कटी पतंग सा प्यार

प्रिय स्याही,

तुमको मेरी बातें समझ नहीं आती होगी या हो सकता है तुम समझना ही नहीं चाहतीं। प्यार हमारी सोच से पैदा नहीं होता जिस पर हम काबु पा सके यह तो हमारे ज़ज्बात और अरमानों पर निर्भर करता है।

क्या तुमको यह लगता है कि उम्र के साथ दिल बेज़ान हो जाती है...? तुम्हारें जिंदगी में मेरे रहने या ना रहने से तुम्हें बिल्कुल भी फर्क़ नहीं पड़ता यह बात जानते हुए भी मैं तुम्हारे पीछे पागल था या शायद अभी भी हूँ जो शायद ख़ुद के दिल का बेज़ान होने तक इंतजार कर रहा है।

मेरी हालत तो अब उस पंखे की भांति हो गयी है जो छत में लटका रहता है और केवल तुम्हारी यादों के इर्द-गिर्द घूमता है। क्या मेरी बातें खुले आसमान में उड़ते कटी पतंग की तरह तुमसे बहुत दूर जाकर गिर जाती हैं...?

तुम्हारा कलम...

33

समय से लंबा इंतज़ार

प्रिय स्याही,

मेरी ज़िन्दगी की किताब में आधे से ज़्यादा पन्नों पर मैंने केवल "इंतज़ार" लिखा है, और उनमें कहीं आधे-अधूरे सपने तो कहीं मेरे प्यारे जज़्बात दर्ज हैं। उन पन्नों पर कुछ अनसुनी, अनकही बातें भी हैं, जो शायद कभी शब्दों तक पहुँच ही नहीं पाईं और कहीं हम दोनों के मिलने की एक खूबसूरत कल्पना भी है, जो हर बार अधूरी रह जाती है।

अब तो मैंने अपने घर की दीवार पर टंगी घड़ी भी हटा दी है, क्योंकि तुम्हारे इंतज़ार में हर "टिक-टिक" का अंतराल मैंने इतने करीब से महसूस किया कि अब मैं खुद ही एक चलती-रुकती घड़ी बन गया हूँ–जो तुम्हारी याद में अक्सर थम जाती है।

हमारा मिलन भी उस बंद घड़ी जैसा है, जो दिन में दो बार सही समय दिखाकर एक झूठी तसल्ली दे जाती है, पर उसकी सुइयाँ कभी सच में मिल नहीं पातीं। शायद हमारा

साथ भी वैसा ही है—महसूस तो होता है, पर पूरा नहीं होता। क्या जितना इंतज़ार मैंने लिखा है, उतना इंतज़ार तुमने भी कभी महसूस किया है...? या मेरा ही वक़्त ठहर गया है तुम्हारे नाम पर...?

तुम्हारा कलम...

34

अगला मोड़ शायद तुम

प्रिय स्याही,

तुमसे बात किए एक ज़माना हो गया, लेकिन आज भी तुम्हारी आहट का वह भ्रम मुझे हर काम छोड़कर खड़ा कर देता है। मैं बेवजह उम्मीद लगा लेता हूँ–सिर्फ तुमसे बात करने की, जैसे दिल अब भी यकीन करता है कि तुम कहीं पास ही हो।

मेरा इंतज़ार शायद उस ओलंपिक स्वर्ण पदक जैसा है, जिसका सपना तो हर कोई देखता है, लेकिन उसका मिलना कब होगा–यह किसी को नहीं पता।

जब भी मैं अकेले रास्तों पर चलता हूँ, हर मोड़ पर एक उम्मीद जन्म लेती है कि शायद यहीं से सब ठीक हो जाएगा, शायद यहीं से एक सीधी सड़क मिलेगी जो मुझे तुम तक ले जाएगी। लेकिन हर बार वो मोड़ बस एक और भटकाव बन जाता है, और मैं अपनी ही बनाई ख्याली दुनिया के टेढ़े-मेढ़े रास्तों में खो जाता हूँ।

कभी-कभी सोचता हूँ, अगर सच में कोई सीधी राह होती, तो क्या तुम वहाँ मेरा इंतज़ार कर रही होती...? या फिर तुमने पहले ही कोई और रास्ता चुन लिया, जहाँ मेरा नाम तक नहीं आता...?

तुम्हारा कलम...

35

दीवार के उस पार

प्रिय स्याही,

तुमसे बात ना करके मैंने हर एक पल को ईंट बनाकर एक ऊँची दीवार खड़ी कर दी है। यह दीवार सिर्फ हमारे बीच नहीं, बल्कि मेरी अपनी ज़िन्दगी के चारों ओर भी बन गई है।

हर ठहरा हुआ दिन, हर अधूरी रात इस दीवार को और मज़बूत करती जाती है। मैंने यह दीवार इसलिए बनाई थी कि कहीं तुम्हें खो न दूँ, लेकिन इस कोशिश में मैं यह भूल गया कि दीवारें घर नहीं बनातीं–वे सिर्फ दूरी बढ़ाती हैं।

मैंने तुम्हें उस दीवार के उस पार छोड़ दिया, और खुद इस तरफ कैद हो गया। अब ना तुम्हारी आवाज़ साफ़ आती है, ना तुम्हारा चेहरा दिखता है–बस एहसास रह जाता है कि तुम कहीं हो... लेकिन मेरे पास नहीं। अब इसे तोड़ने की हिम्मत भी नहीं जुटा पा रहा हूँ, क्योंकि डर है–कहीं यह दीवार ही मेरी आखिरी उम्मीद ना हो। क्या तुम इस दीवार को गिराने में मेरी मदद करोगी...? या तुम भी उसी दीवार

के उस पार बैठकर मेरा इंतज़ार कर रही हो...? या तुमसे मेरा रिश्ता ही इंतजार का हैं...? क्या यहीं इंतजार हमारा प्यार हैं...?

तुम्हारा कलम...

36

यादों का कांटा

प्रिय स्याही,

घर लौटकर भी एक अजीब सी कमी महसूस होती है–जैसे कुछ साथ आना था, लेकिन रास्ते में ही छूट गया। शायद यह कमी मेरी उदासी की है, जो घर के दरवाज़े पर आकर कहीं खो जाती है।

मेरी खुशियाँ भी अजीब हैं–इतनी छोटी कि मुस्कुराने से पहले ही खत्म हो जाती हैं। जैसे कोई अधूरी हँसी हो, जो होंठों तक आकर रुक जाती है।

जब भी मैं खुशी के रास्ते पर कदम बढ़ाता हूँ, तुम्हारी यादों का एक कांटा मेरे पाँव में चुभ जाता है। दर्द होता है, लेकिन खून नहीं निकलता–बस एक खामोश टीस रह जाती है, जो मुझे याद दिलाती है कि मैं पूरा नहीं हूँ।

तुम्हारी यादें मुझे हर बार रोकती नहीं, लेकिन आगे बढ़ने भी नहीं देतीं। क्या तुम्हें अधूरी चीज़ें सच में अच्छी लगती हैं...? या फिर मैं ही तुम्हारे हिस्से की अधूरी कहानी बन गया हूँ...? या फिर तुम कोई सरकारी कर्मचारी हो, जो तुम्हें अधूरी काम छोड़ना पसन्द है...?

तुम्हारा कलम...

37

एक अधूरा सफ़र

प्रिय स्याही,

आज भी जब मैं अकेले घर से बाहर निकलता हूँ, हर कदम के साथ एक डर चलता है–कि कहीं किसी मोड़ पर तुम्हारी यादें अचानक सामने आकर मुझे रोक न लें।

अगर वो यादें सच में सामने आ गईं, तो मेरी आँखों का क्या काम रहेगा...? क्या वो इस बार तुमसे कुछ कह पाएंगी, या हर बार की तरह खुद से ही नज़रें चुरा लेंगी...?

लुका-छिपी के इस खेल में मेरी आँखें हमेशा हार जाती हैं–क्योंकि तुमसे छुपना आसान नहीं, और खुद से सामना करना उससे भी मुश्किल।

मेरी पलकों के भीतर बस तुम्हारी ही बातें बसती हैं, और यह बात मेरे दिल, मेरे गाल और मेरी साँसों से बेहतर कोई नहीं जानता–जो हर बार चुपचाप मेरी कहानी बयाँ कर देते हैं।

अगर तुम इन बहते आँसुओं को रोक नहीं सकती, तो क्या इन्हें कोई दिशा दे सकती हो...? ताकि यह सफ़र यूँ ही अधूरा ना रह जाए...

तुम्हारा कलम...

38

लफ़्ज़ जो बह गए

प्रिय स्याही,

ख़त लिखने का दौर शायद खत्म हो चुका है, लेकिन मेरे लिए यह आज भी ज़िंदा है–क्योंकि तुम्हें लिखना ही अब मेरा जीना बन गया है।

इन ख़तों में मैंने शब्दों से ज़्यादा अपना प्यार भरा है। हर एक शब्द तुम्हारे इंतज़ार में गुज़ारे उस पल की कहानी कहता है, जिसे मैं किसी और तरह कह नहीं पाया।

दिल की बातों को शब्दों में ढालना कभी आसान नहीं था–कई बार कलम टूटी, कई बार शब्द बिखरे, लेकिन अंत में मेरे दिल की तार ने ही मेरा साथ दिया।

मैंने स्याही की जगह अपने आँसुओं से लिखना शुरू किया, और शायद उसी की वजह से मेरा लिखा हर बार धुंधला पड़ जाता है।

अगर यह ख़त कभी तुम्हें मिले, तो इसे धीरे से खोलना–क्योंकि इसमें सिर्फ काग़ज़ नहीं, मेरी धड़कनें भी रखी हैं और हाँ...ख़त के ऊपर मेरा नाम देखकर उसे फेंक तो नहीं दोगी न...?

तुम्हारा कलम...

39

स्याही का स्पर्श

प्रिय स्याही,

आज शाम जब मैं तुम्हारी यादों में खोकर तुम्हें शब्दों में उतार रहा था, तभी रोशनाई मेरे हाथों पर गिर गई। उसी पल एक हवा का झोंका आया–और जैसे मेरे पास ठहर गया।

जब मैंने उससे पूछा कि इतना मुस्कुरा क्यों रहा है, तो उसने कहा–"जिसे तुम हर पल महसूस करते हो, मैं उसे छूकर आया हूँ..."

उसकी यह बात सुनकर मेरा दिल एक पल के लिए ठहर गया। मैंने आँखें बंद कीं और तुम्हारा स्पर्श महसूस करने की कोशिश की–जैसे तुम सच में मेरे पास हो।

उस झोंके ने मुझे एक पल के लिए तुम्हारे करीब ला दिया, भले ही वह सच था या मेरा भ्रम–मैं नहीं जानता।

अब तुम ही बताओ... क्या वह सच में तुम्हें छूकर आया था, या सिर्फ मेरे पागलपन का मज़ाक उड़ा रहा था...?

तुम्हारा कलम...

40

एक पन्ना कम, एक एहसास ज़्यादा

प्रिय स्याही,

आज शाम सागर किनारे बैठा मैं यही सोच रहा था कि क्या मुझे अब ख़त लिखना बंद कर देना चाहिए...?

तभी अचानक "डूब गया" की आवाज़ आई और बिना सोचे मैं भी उस तरफ भागा जब तक मैं कुछ समझ पाता तब तक मैं गोता लगा चुका था- जैसे किसी को बचाना हो लेकिन मुझे तुरन्त ही निराश होकर बाहर निकलना पड़ा क्योंकि वहाँ कोई नहीं था... सिर्फ पहाड़ों के पीछे डूबता हुआ सूरज था।

मुझे तब समझ आया—कुछ चीज़ें सिर्फ दिखती हैं, होती नहीं... जैसे मेरा तुम्हारे साथ होना। सूरज का डूबना मेरी किस्मत की नाव जैसा लगता है—जो हर सुबह चमकती है, लेकिन शाम तक फिर उसी अंधेरे में खो जाती है।

और अजीब बात यह है कि यही वो समय होता है, जब मैं तुम्हारी यादों को शब्दों में बदलकर एक और कागज़ का टुकड़ा रोज़ की तरह बर्बाद कर रहा होता हूँ।

अब तुम ही बताओ...क्या मुझे यह सिलसिला रोक देना चाहिए...? या फिर यही मेरा जीने का एकमात्र तरीका बन चुका है...? और क्या मेरे इस कदम से काग़ज़ बचेगा, जिससे पर्यावरण संरक्षण में सहायता मिलेगी...?

तुम्हारा कलम...

भाग – 3

अंतिम उजाला
(जिद, स्वीकार और दुआ)

"जहाँ हार भी जिद से मिलकर दुआ बन जाती है,
और अधूरापन ही प्रेम की अंतिम पूर्णता साबित होता है।"

41

अलमारी में दफन मोहब्बत

प्रिय स्याही,

मैंने तुम्हें अनगिनत ख़त लिखे हैं, और यह भी जानता हूँ कि उनमें से एक भी तुम्हारे हाथों तक नहीं पहुँचा। फिर भी यह सिलसिला नदियों की तरह बहता ही रहता है–शायद किसी दिन सागर मिल जाए, या शायद यह बहाव ही मेरा मुक़द्दर बन गया है। हर ख़त मेरे ज़ख्मों पर एक साथ नमक और मरहम लगाता है। लिखते समय मैं एक पल में पूरी एक सदी जी लेता हूँ–इतना जी लेता हूँ कि अब जीने की कोई नई इच्छा बची ही नहीं।

कभी-कभी अलमारी में रखी बंद किताबों के बीच दबे उन ख़तों को देखता हूँ, तो लगता है जैसे मैंने अपनी मोहब्बत को खुद ही कैद कर दिया हो। वो कागज़ नहीं, मेरी सांसें हैं जो वहाँ दबी पड़ी हैं–खामोश, लेकिन जिंदा।

तब मन में एक ख्याल आता है–काश तुम्हें चाहने से पहले ही मैं खत्म हो गया होता...कम से कम कब्र की

ख़ामोशी में कुछ सुकून तो मिलता। लेकिन फिर डर लगता है...क्या वहाँ भी मेरे अधूरे एहसास मेरी रूह को चैन से सोने देंगे...?

तुम्हारा कलम...

42

कमज़ोर धड़कनों की जंग

प्रिय स्याही,

अनजान चेहरों से भरी इस दुनिया में मेरे अपने ही ख़्याल अब मुझसे दूर होने लगे हैं। दिल की धड़कनें भी जैसे थक गई हैं–धीमी, कमज़ोर और कभी-कभी लड़खड़ाती हुई।

इससे पहले कि ग़म के सागर में मेरी खुशियों की कश्ती पूरी तरह डूब जाए, मैं अपने छोटे-छोटे, सुनहरे ख्वाबों को पूरा करने के लिए फिर से इस ज़िन्दगी की दौड़ में लौटना चाहता हूँ।

लेकिन समस्या यह है कि आज से पहले मैंने खुद को कभी इतना बेबस, इतना अकेला महसूस नहीं किया। यह दौड़ शायद अब मैं जीत नहीं सकता पर हार मानने का हौसला भी नहीं जुटा पा रहा।

अपने ही जज़्बात को शब्दों में ढालना अब उतना ही मुश्किल लगने लगा है, जितना भीड़ भरी लोकल ट्रेन में आराम से चढ़ना–जगह कहीं नहीं, और ठहराव भी नहीं।

फिर भी हर सुबह, चाहे मन करे या ना करे, मुझे इस ज़िन्दगी के नए-पुराने संघर्षों में शामिल होना ही पड़ता है– जैसे यह कोई आदत नहीं, बल्कि सज़ा बन चुकी हो।

तुम्हारा कलम...

43

आख़िरी हार से पहले की जिद

प्रिय स्याही,

जब भी मैं ज़िन्दगी से हताश हो जाता हूँ, या खुद के भीतर चल रही जंग हारने ही वाला होता हूँ, तभी तुम्हारी यादों का एक झोंका अचानक मुझसे टकरा जाता है।

यह टकराव कभी सामान्य नहीं होता—ऐसा लगता है जैसे हिमालय मेरे ऊपर टूट पड़ेगा। अगर गिरा तो कुचल जाऊँगा, और अगर बच गया तो उस ठंड में जम जाऊँगा। मतलब अंजाम हर हाल में एक जैसा ही है—बस रास्ते अलग-अलग हैं।

मैं वह दिन भी नहीं भूल पाता, जब मैंने इस दुनिया को अलविदा कहने की नाकाम कोशिश की थी। वह हार आज भी मुझे दोबारा हारने नहीं देती—क्योंकि मैं जानता हूँ, उस रास्ते का अंत क्या होता है।

शायद यही वजह है कि मैं अब भी लड़ रहा हूँ—बिना उम्मीद के, लेकिन पूरी जिद के साथ। क्योंकि कुछ हार ऐसी होती हैं, जिन्हें दोबारा झेलने की हिम्मत नहीं होती...

तुम्हारा कलम...

44

काश की आस में आज

प्रिय स्याही,

अब तुमसे ज़्यादा तो बचपन की यादें मुझे रुलाने लगी हैं। हर पल यही ख्याल आता है–काश वो बीता हुआ कल वापस आ जाए। वो समय जब ना किसी से मतलब था, ना कोई चिंता–बस अपनी ही दुनिया में खोए रहते थे। हर छोटी चीज़ में खुशी ढूंढ लेते थे, और हर शाम सुकून लेकर आती थी।

अब इस भाग-दौड़ भरी ज़िन्दगी से थक चुका हूँ, 'स्याही'। बस एक बहाना ढूंढ रहा हूँ–थोड़ा रुक जाने का, थोड़ा सांस लेने का। मन करता है फिर से स्कूल जाऊं, शरारत करूं, घंटी बजते ही सबसे पहले बाहर निकलने की होड़ लगाऊं...

घर पहुँचकर माँ को बिना वजह आवाज़ दूं–बस यह जानने के लिए कि वो वहीं हैं। लेकिन वक़्त मुट्ठी में भरी रेत की तरह है–जितना कसकर पकड़ता हूँ, उतनी ही तेजी से फिसल जाता है।

काश... मेरा अतीत ही मेरा वर्तमान बन जाए...

काश... तुम्हारी यादों से मुझे थोड़ी मुक्ति मिल जाए...

काश... ये "काश" कभी हकीकत बन जाए...

तुम्हारा कलम...

45

पलटने की वजह

प्रिय स्याही,

हमारी पहली मुलाक़ात हर मोड़ पर ताज़ा हो जाती है, क्योंकि वह सिर्फ एक मुलाक़ात नहीं थी—वह मेरी ज़िन्दगी का सबसे खास मोड़ था।

उस दिन जब हम अलग हुए, मैंने पीछे मुड़कर देखा... लेकिन तुम वहाँ नहीं थीं। शायद तुम जा चुकी थीं, या शायद मैं देर से मुड़ा था।

आज भी जब किसी मोड़ से गुजरता हूँ, तो अनजाने में ही एक बार पलटकर ज़रूर देखता हूँ। कभी-कभी कोई चेहरा तुम्हारे जैसा लगता है, लेकिन सच कहूँ—तुम जैसा दिखना किसी के बस की बात नहीं।

शायद मैं तुम्हें फिर कभी नहीं देख पाऊँगा या शायद मैं देखना ही नहीं चाहता या फिर सच यह है कि मुझे "पलटने" की आदत से ही मोहब्बत हो गई है—जहाँ उम्मीद कम और यादें ज़्यादा होती हैं।

क्या तुम भी कहीं छुपकर मेरे पलटने का इंतज़ार करती हो...? या मेरी तरह तुम भी नहीं जानती कि पलटना क्यों ज़रूरी लगने लगा है...?

तुम्हारा कलम...

46

क्षण भर पानी, उम्र भर मैं

प्रिय स्याही,

मुझे हमेशा लगता था कि मैं तुम्हारे साथ हूँ–हर पल, हर जगह। लेकिन अब समझ आता है कि वह सिर्फ एक खूबसूरत भ्रम था।

मेरी हालत उस पत्ते पर जमी धूल जैसी है, जो उसके साथ तो रहती है, लेकिन कभी उसका हिस्सा नहीं बन पाती।

बारिश आने से पहले तक पत्ता धूल को सहता है, लेकिन जैसे ही पानी आता है, वह उसी धूल को छोड़ देता है– क्षण भर के लिए पानी को अपनाकर।

मेरी मौजूदगी शायद तुम्हें महसूस भी नहीं होती लेकिन मैं फिर भी खुश हो जाता हूँ यह सोचकर कि पानी भी तुम्हारे साथ ज्यादा देर नहीं रहता।

और जब वह बहता हुआ नीचे आता है, तो मैं उसी के साथ जड़ों के रास्ते तुम्हारे अंदर कहीं समा जाता हूँ जहाँ

शायद तुमने अब तक मुझे ढूंढने की कोशिश भी नहीं की। क्या सच में मैं तुम्हारे साथ नहीं, बल्कि तुम्हारे अंदर कहीं छिपा हुआ हूँ...?

तुम्हारा कलम...

47

जल के बाहर की साँस

प्रिय स्याही,

मैंने काल्पनिक तौर पर काफी सपने सजाये है तुम्हारे लिए, हालांकि यह बात तुम्हें भी पता है कि इनका वास्तविकता से कोई मेल नहीं हैं,

वैसे तो मेरी जिन्दगी में तुम्हारा होना ना होना उतना ही प्रभाव डालता है जितना कि पानी का होना ना होना मछली के जीवन पर डालता है और यह बात भी सत्य है कि बिना पानी के तुरन्त ही मछली मरती नहीं लेकिन उसका तड़पना... शायद तुमने कभी देखा ही नहीं अगर देखा होता तो तुमको उससे ज्यादा दया मेरे ऊपर आती।

तुम्हें बहुत अच्छे से पता है कि मेरा मछली होना तुम्हारे जलपरी होने पर निर्भर करता है और यही कारण है कि जब जब मैं मछली बनता हूँ तुम सोनपरी बन जाती हो।

क्या तुम्हें एक जैसे बने रहने में कोई समस्या हैं...? या तुम मुझे मछली बना, तड़पाकर मारना चाहते हो ताकि मेरे कत्ल का इल्ज़ाम तुम पर ना लगे...?

तुम्हारा कलम...

48

जंजीरों में उलझा सुकून

प्रिय स्याही,

अब मेरे लिखने में पहले जैसी बात नहीं रही फिर भी आज तुम्हारे लिए लिखना शुरू किया–और बस एक ही शब्द लिख पाया, "थकान"।

असल में मैं थका नहीं हूँ बस मेरी ज़िन्दगी से एक ज़रूरी लफ़्ज़ गुम हो गया है–"सुकून"।

समंदर की लहरों में बहुत शोर होता है, लेकिन सुकून उसके किनारे बैठने में मिलता है। मैं भी जब-जब सुकून की तलाश में रुकता हूँ, "थकान" की जंजीरें मेरे पैरों को जकड़ लेती हैं।

हर कोशिश के बाद बस एक ही सवाल रह जाता है क्या मुझे सुकून मिल गया...? या मैं सुकून के इंतज़ार में इतना थक चुका हूँ कि अब उसे पाना भी नहीं चाहता...? शायद कुछ चीज़ें मिलकर भी अधूरी रह जाती हैं और कुछ इंतज़ार, कभी खत्म ही नहीं होते।

तुम्हारा कलम...

49

चोरी से रखा हुआ दिल

प्रिय स्याही,

आज से बहुत पहले, अब तो ठीक से याद भी नहीं कब– मैंने अपने हाथों पर अपना छोटा सा दिल रख दिया था। क्यों रखा, यह भी नहीं जानता... शायद यह मेरे भीतर के सूखे कुएँ में पानी भरने की एक मासूम कोशिश थी।

सोचा था, इसे तुम्हें दे दूँगा–ज़बरदस्ती नहीं... चोरी से, चुपके से...तुम्हारी किसी जेब में डाल दूँगा, या तुम्हारी किसी किताब के पन्नों के बीच रख दूँगा, या यूँ ही कहीं रखकर भूल जाऊँगा–ताकि वो हमेशा तुम्हारे पास ही रहे।

मुझे नहीं पता इससे क्या बदल जाता, पर शायद मेरा छोटा सा दिल तुम्हारे पास रहकर थोड़ा बड़ा हो जाता और जब वो बड़ा हो जाता, तब मैं एक दिन हिम्मत करके तुम्हारे पास आता जैसे कोई बाल्टी लेकर सूखे कुएँ से पानी भरने जाता है।

शायद तब मुझे पानी मिल जाता या शायद फिर भी खाली लौट आता। क्या तुम्हें अब तक मेरा दिल नहीं मिला...? या मैं ही उसे कहीं और रखकर तुम्हारा नाम सोचता रह गया...?

तुम्हारा कलम...

50

खाली उँगली का वादा

प्रिय स्याही,

जब-जब मैं कमज़ोर पड़ने लगता हूँ, मैं अपनी अनामिका की ओर देखता हूँ–क्योंकि वही उँगली मुझे हर पल तुम्हारे होने की उम्मीद दिलाती है।

शायद तुम भूल जाओ लेकिन मुझे आज भी याद है–तुम्हारा वो वादा... अपने नाम की एक अंगूठी देने का।

मैंने उस वादे को इतना करीब रख लिया है कि अब वो मेरी साँसों का हिस्सा बन गया है। मैं सोचता हूँ–जिस दिन वो अंगूठी मेरी उँगली में होगी, मैं बस आँखें बंद करूँगा और तुम मेरे सामने होंगी।

तुम जब भी आना, मेरी इस खाली उँगली को पहचान लेना और बिना कुछ कहे, बस उस पर अपना नाम पहना देना।

और सुनो जब कोई ना देख रहा हो, तो उस अंगूठी के साथ-साथ तुम भी धीरे-धीरे मेरी रूह में उतर जाना क्योंकि यह खाली उँगली अब सिर्फ एक गहने की नहीं, तुम्हारे होने

की गवाह बनना चाहती है। अब तुम ही बताओ कब तक यह यूँ ही खाली रहेगी...? और कब तक तुम मुझसे इतनी दूर रहोगी...?

तुम्हारा कलम...

51

हवा, खेल और ख़ामोशी

प्रिय स्याही,

मेरा टूटा हुआ दिल तुम अपने पास रख लेना क्योंकि वो आज भी सिर्फ तुम्हें ही चाहता है। मेरा दिल एक गुब्बारे जैसा था जिसमें तुमने अपने मतलब की हवा भरी और तब तक भरी जब तक वो फूट नहीं गया।

और जैसे बचपन में फूटे गुब्बारे के छोटे-छोटे टुकड़ों से हम फिर खेल बनाते थे उन्हें फिर से फुलाकर, फिर से फोड़कर हँसते थे वैसे ही तुमने भी मेरे दिल के हर टुकड़े से खेलना नहीं छोड़ा।

अब मेरी ज़िन्दगी में ग़म तो बहुत हैं लेकिन जब भी किसी गुब्बारे वाले को देखता हूँ, तो लगता है–शायद अभी भी कुछ रंग बाकी हैं जीने के।

मैंने अपने अंदर अब भी हज़ारों गुब्बारे संभाल कर रखे हैं एक फूटा तो क्या हुआ ज़िन्दगी का थैला अभी खाली नहीं हुआ। क्या तुम फिर से उनमें प्यार की सीमित हवा भरना चाहोगी...? या फिर अब भी बच्चों की तरह उन्हें फोड़कर ही मुस्कुराना चाहती हो...?

तुम्हारा कलम...

52

चाँद की ओर देखती पृथ्वी

प्रिय स्याही,

तुम मेरे बाकी ख़त पढ़ो या मत पढ़ो, बस यह ख़त पढ़ लेना क्योंकि मुझे सिर्फ लिखना आता है और तुम्हें केवल बहुत अच्छे से पढ़ना।

इस ख़त में मैं अपनी हर बात लिखने की कोशिश कर रहा हूँ–अच्छी भी, बुरी भी, ताकि शायद तुम मुझे थोड़ा और समझ सको।

हालाँकि मुझे यह भी पता है कि तुम्हें यह जानने में कोई दिलचस्पी नहीं होगी कि मेरी सबसे बुरी आदत क्या है, लेकिन मैं फिर भी बताऊँगा... और वो है–तुमसे आख़िरी मुलाक़ात की उम्मीद रखना।

यह उम्मीद उस चाँद जैसी है, जो हर बार बादलों में छिप जाता है फिर भी मैं उसे ढूँढना नहीं छोड़ता।

तुम्हें चाँद कहना शायद ग़लत भी नहीं क्योंकि मैं हमेशा पृथ्वी बनकर तुम्हें निहारता रहा और तुम किसी और सूरज की रोशनी में चमकती रहीं।

क्या हमारे बीच रहना तुम्हारे लिए इतना साधारण था कि तुम किसी और के असर में आकर मुझसे दूर चली गई...?

तुम्हें शायद यकीन ना हो लेकिन अब मेरी धड़कनें इतनी बेचैन हो गई हैं कि बादल भी घबरा जाते हैं और हर रोज़ बारिश करवा देते हैं, ताकि मेरे आँसू छिपे रह सकें...

तुम्हारा कलम...

53

दिशा बदलती सूर्यमुखी

प्रिय स्याही,

जैसे एक साधारण सा इंसान प्रेम में पड़कर अपनी प्रेमिका को दुनिया की सबसे खूबसूरत चीज़ मान लेता है, वैसे ही मैंने भी तुम्हें सूर्यमुखी माना था क्योंकि मुझे गुलाब से ज़्यादा सूर्यमुखी पसंद हैं। जब भी मैं तुम्हारे सामने आता, तुम मुझे सूर्य मानकर खिल उठती थीं और मैं जिधर जाता, तुम भी उसी दिशा में मुड़ जाती थीं।

मेरे जीवन के कठिन "ग्रहण" जैसे समय में भी तुमने मेरा साथ नहीं छोड़ा तुम्हारी वही स्थिरता मुझे सबसे ज्यादा सुकून देती थी। लेकिन अब कुछ बदल गया है अब तुम्हें चाँद की रोशनी भी उतनी ही प्यारी लगने लगी है।

यह बदलाव अचानक कैसे आया...? क्या तुम्हें सच में चाँद ज्यादा सुंदर लगने लगा...? या फिर उसकी चमक ने तुम्हें यह भ्रम दे दिया कि वही तुम्हारा असली सूरज है...?

या फिर तुमने ही अपनी दिशा बदल ली है और मैं अब भी उसी जगह खड़ा हूँ, जहाँ तुम कभी मेरी ओर मुड़कर मुस्कुराया करती थीं...?

तुम्हारा कलम...

54

टूटे सपनों की अमावस्या

प्रिय स्याही,

जब जब मैं बहुत परेशान हुआ करता हूँ तुम हर बार अमावस्या की चाँद हो जाया करती हों और तुमको यह कैसे कहूँ कि उस पल तुम्हारी यादें मुझे कितना सताती हैं...?

तुम्हारी आँखों में खो कर सारे दुःख दर्द भूल जाने का एहसास अभी भी ताज़ा है, लेकिन अब वह सिर्फ एक दर्दनाक याद बनकर रह गया है। तुम्हें याद है, हमने साथ में कितने सपने देखे थे, कितनी दूरियाँ तय की थीं, लेकिन आज उन सपनों के टूटे हुए टुकड़ों को जोड़ने की कोशिश में बस मैं अकेला खड़ा हूँ।

कभी कभी मुझे गुस्सा भी आता है तुम्हारे ऊपर, कि तुमने मुझे ऐसे अकेला क्यों छोड़ दिया, लेकिन फिर मुझे तुम्हारा साथ भी याद आता है, जिसने मुझे जिन्दगी को खुल कर जीना सिखाया।

वैसे तो मैं बखूबी जानता हूँ, कि शायद तुम यह ख़त कभी नहीं पढ़ोगे, लेकिन मुझे अपनी भावनाओं को व्यक्त

करने की जरूरत थी। क्या मुझे टूटे सपनों को जोड़ने की बेकार कोशिश करनी चाहिए...? क्योंकि अन्त में भी तो वह सपने ही रहेंगे।

तुम्हारा कलम...

55

याददाश्त से आगे का प्रेम

प्रिय स्याही,

आज तुम्हें यह ख़त लिखते हुए दिल में भावनाओं का एक सैलाब उमड़ रहा है। ऐसा लग रहा है जैसे हर एक एहसास अपनी बारी का इंतज़ार कर रहा हो - कोई प्यार बनकर बहना चाहता है, कोई उम्मीद बनकर चमकना चाहता है, और कोई शिकायत बनकर चुपचाप आँखों के कोनों में ठहर जाना चाहता है।

जब हम पहली बार मिले थे, वो पल अब भी मेरी यादों के सबसे कोमल हिस्से में सुरक्षित है। तुम्हारी आँखों की गहराई में जैसे कोई अनकही कहानी थी और तुम्हारी मुस्कान में एक सुकून, जो सीधे दिल तक उतर जाता था। तुम्हारी हर बात जैसे रूह को छूकर गुजरती थी–बिना आवाज़ के, मगर पूरी ताक़त के साथ।

तुम जानती हो, तुम्हारे साथ होने का एहसास आज भी वैसा ही है... जैसे किसी बेजान दुनिया में अचानक रंग भर जाएँ। जैसे हर चीज़ अपने असली मायने में लौट आए।

लेकिन आजकल तुम थोड़ी गुमसुम सी हो गई हो तुम्हारी खामोशी अब शब्दों से ज़्यादा बोलने लगी है।

याद है, तुमने कहा था–हम जल्द मिलेंगे, ढेर सारी बातें करेंगे। उन अधूरी बातों को पूरा करेंगे जो हर बार वक़्त के साथ छूट जाती थीं। पर अब लगता है, शायद तुम्हारी याददाश्त थोड़ी कमजोर हो गई है या फिर ज़िंदगी की भागदौड़ ने तुम्हें मुझसे थोड़ा दूर कर दिया है।

लेकिन कोई बात नहीं इंतज़ार तो मैंने पहले भी किया है और आज भी कर लूँगा। मैं बस उसी दिन का इंतज़ार कर रहा हूँ, जब तुम फिर से पहले जैसी हो जाओगी वो मिट्ठू की तरह चहकती हुई, हर बात में मुस्कुराहट घोलती हुई।

क्योंकि मेरा प्यार अब यादों तक सीमित नहीं है, ये उससे आगे बढ़ चुका है जहाँ भूलने का डर भी बेअसर हो जाता है।

तुम्हारा कलम...

56

कायनात की साज़िश

प्रिय स्याही,

कभी-कभी मैं सोचता हूँ कि इस विशाल दुनिया में, जहाँ अनगिनत चेहरे हर रोज़ हमारे सामने से गुजरते हैं, हम आखिर कुछ ही लोगों से क्यों जुड़ते हैं...?

क्या सच में कोई अनदेखी ताक़त होती है, जो हमें उन खास लोगों से मिलवाती है...? या ये सब बस इत्तफाक होता है - एक खूबसूरत संयोग...?

पर जो भी हो, एक बात तो तय है तुमसे मिलना मेरे लिए कोई साधारण घटना नहीं थी। तुमसे मिलकर ही मैंने हर पल को जीना सीखा वरना उससे पहले तो ज़िंदगी बस गुजर रही थी।

रोज़मर्रा की इस दौड़ में बहुत कुछ बदलता रहता है कुछ नया जुड़ता है, कुछ पुराना छूट जाता है लेकिन इन सबके बीच अगर कुछ स्थिर है, तो वो है–तुम्हारी यादें। वो हर रोज़ मेरे साथ चलती हैं बिना थके, बिना रुके।

आज भी जब मैं किसी पेड़ से गिरते हुए पत्ते या फल को देखता हूँ, तो तुम्हारी याद अचानक ताज़ा हो जाती है।

जैसे कोई कच्चा आम पत्तों के बीच छुपा रहता है बिलकुल वैसे ही, तुम्हारी यादें मेरे भीतर छुपी रहती हैं और जैसे ही वो पकती हैं, एक झटके में दिल से गिर पड़ती हैं– सीधे एहसासों में।

और सच कहूँ, उनका गिरना कभी सामान्य नहीं होता... हर बार कुछ भीतर टूटता है।"स्याही..." क्या ये सब देखकर ही तुम्हारे मन में मुझसे दूर जाने का विचार आया था...? या उस आम ने तुम्हें ये सिखाया–कि पकने के बाद अपनों का साथ छोड़ देना ही नियति है...?

तुम्हारा कलम...

57

रुके रास्तों के चलते लम्हे

प्रिय स्याही,

कमाल है ना दिल कांच का नहीं होता, फिर भी इतनी आसानी से टूट जाता है। हर कोई चाहता है कि उसका दिल कभी ना टूटे, पर ये चाहत भी कितनी बेबस होती है... क्योंकि इस मामले में किसी की नहीं चलती।

कभी-कभी मैं सोचता हूँ कि क्या तुम्हारा दिल लोहे का बना था...? या तुमने उसके चारों ओर इतनी मजबूत दीवारें खड़ी कर ली थीं कि कोई दरार आने ही ना पाए...?

या फिर कोई ऐसा पहरेदार था तुम्हारे दिल के पास, जो हर वक्त उसकी रक्षा करता रहा ठीक वैसे ही जैसे कोई सैनिक बिना थके, बिना रुके अपने कर्तव्य में लगा रहता है।

मैंने तो तुम्हें अपने हर राज़ बताए थे अपने दिल का हर कोना तुम्हारे सामने खोल दिया था। यहाँ तक कि अपने दिल की चाबी भी तुम्हें सौंप दी थी–पूरे विश्वास के साथ।

मगर अफ़सोस तुमने वो चाबी भी खो दी। अब हाल ये है कि मेरी ज़िंदगी के सारे खूबसूरत लम्हे, मेरे पास होकर भी

मेरे नहीं लगते। जैसे कोई अनजान मुसाफ़िर–जो मेरे बगल से गुजर तो जाता है, पर ठहरता नहीं।

और वहीं, उसी रास्ते पर बस तुम्हारी यादें खड़ी रह जाती हैं - एक रुके हुए रास्ते की तरह, जहाँ वक़्त तो चलता रहता है पर कुछ कभी आगे नहीं बढ़ता।

तुम्हारा कलम...

58

जलती हसरतों का घाट

प्रिय स्याही,

आज शाम, खुद को समझने की एक छोटी सी कोशिश लेकर मैं घर से निकला था, पर ना जाने क्यों, कदम मुझे फिर उसी जगह ले गए–

“श्मशान घाट।“

शायद इसलिए, क्योंकि वो जगह अब मुझे अजनबी नहीं लगती बल्कि एक अजीब सा अपनापन देती है। वहाँ का सन्नाटा और मेरे मन की खामोशी–दोनों एक जैसे हैं।

वहाँ सिर्फ मृत देह को जलाया जाता है, पर यहाँ मेरे भीतर ना जाने कितनी जिंदा हसरतें हर रोज़ राख हो जाती हैं और अजीब बात ये है कि उस जगह में मुझे दुनिया की सबसे ज्यादा सच्चाई दिखती है। ना कोई छल, ना कपट, ना ईर्ष्या, ना अहंकार बस एक शून्य–जहाँ सब बराबर हो जाते हैं।

सूर्यास्त के समय, जब मैं वहाँ बैठा था, तो देखा छोटी-छोटी चिड़ियाँ अपने घरों की ओर लौट रही थीं। हर किसी के पास एक ठिकाना था, जहाँ वो वापस जा सकता था और मैं बस वहीं बैठा रहा।

अब मुझमें थोड़ा सा ही इश्क़ बचा है, स्याही इसलिए तुम जल्दी आना। क्योंकि अगर देर हो गई, तो तुम्हें यहाँ सिर्फ राख ही मिलेगी और वो भी शायद पहचान में ना आए। अब तुम ही बताओ ना क्या तुमने अभी तक मेरी ओर लौटने की उड़ान भरी भी है...?

तुम्हारा कलम...

59

अधूरेपन से अंतिम सफ़र तक

प्रिय स्याही,

ज़िंदगी के हर मोड़ पर हम अपने अधूरेपन से लड़ते रहते हैं। हर किसी के भीतर एक कमी होती है–जो उसे चैन से जीने नहीं देती।

पर शायद तुम ये नहीं जानती कि "पूरा होना" ही असल में अंत की शुरुआत होती है। क्योंकि जब सब कुछ मिल जाता है, तो पाने के लिए कुछ बचता ही नहीं।

ज़िंदगी में संभावनाएँ हमेशा बनी रहती हैं कुछ करने की, कुछ बनने की, कुछ पाने की लेकिन जैसे-जैसे सपने पूरे होते जाते हैं, हम खुद से थोड़ा-थोड़ा खाली होते जाते हैं।

ठीक जैसे पतझड़ के मौसम में पेड़ जिसके पत्ते एक-एक करके गिरते जाते हैं और अंत में बस एक अकेला तना रह जाता है।

वो पेड़ कोई और नहीं मैं ही हूँ स्याही। पर एक फर्क है मेरे भीतर अभी भी एक पत्ता बाकी है उम्मीद का। वो छोटा सा पत्ता ही मुझे ज़िंदा रखता है, मुझे टूटने नहीं देता।

अब तुम ही बताओ क्या तुम मेरे साथ रहकर मुझे पूरा करके मेरे अंत को पास लाना चाहती हो...? या मुझे इसी अधूरेपन के साथ, धीरे-धीरे अंत तक पहुँचते हुए देखना चाहती हो...?

तुम्हारा कलम...

60

आख़िरी दुआ – तुम्हारे नाम

प्रिय स्याही,

मेरे जाने के बाद मेरे छोटे-बड़े सारे राज़ों को अपने दिल की गहराइयों में ही दफ़्न रहने देना। क्योंकि कुछ सच ऐसे होते हैं, जिन्हें शब्दों की नहीं खामोशी की ज़रूरत होती है और हाँ मेरे अधूरे ख्वाबों को पूरा करने की बिल्कुल भी कोशिश मत करना उन्हें बस अधूरा ही रहने देना...

क्योंकि कभी-कभी अधूरापन ही मोहब्बत की सबसे सच्ची पहचान होता है। अगर कभी तुम्हें मेरी लिखी पंक्तियों में मेरा लहजा सुनाई दे, तो ये मत समझना कि मैं चला गया हूँ बस इतना समझ लेना मैं शब्दों में बदल गया हूँ।

और जब भी मेरी याद आए, तो तस्वीरों में मुझे ढूँढने की कोशिश मत करना अपनी धड़कनों से बात करना क्योंकि मैंने अपना आखिरी ठिकाना तुम्हारे दिल में ही चुना था।

मेरी बस एक आख़िरी गुज़ारिश है मुझे अपने भीतर कही ज़िंदा रहने देना क्योंकि अगर तुम मुझे भूल गई, तो मेरा जाना सच में पूरा व्यर्थ हो जाएगा।

तुम्हारा कलम...

भाग – 4

“खामोशियों का अनंत सफ़र”
(स्वीकार से सुकून तक)

“जहाँ शब्द थम जाते हैं, वहाँ एहसास बोलते हैं और हर ख़त, एक अधूरी कहानी को पूरा करने निकल पड़ता है...”

स्याही

61

अधूरे सवालों का घर

प्रिय स्याही,

कुछ सवाल जवाब पाने के लिए नहीं होते वे बस हमारे भीतर जगह बनाने आते हैं और धीरे-धीरे वहीं अपना ठिकाना बना लेते हैं। आज भी मैं तुमसे जुड़े उन्हीं सवालों के बीच बैठा हूँ। हर कोना किसी अधूरी बात की गवाही देता है और हर खिड़की से एक अनजाना "क्यों" झाँकता रहता है।

मैंने कई बार कोशिश किया कि इन सवालों को सुलझा दूँ, एक-एक कर खत्म कर दूँ, ताकि मेरा मन हल्का हो सके लेकिन हर बार वे और गहरे हो जाते हैं, जैसे उन्हें खत्म होना मंज़ूर ही न हो।

तुम ही बताओ स्याही, क्या हर बात को शब्द मिलना ज़रूरी है? या कुछ चीज़ें खामोशी में ही अपनी जगह बना लेती हैं?

कभी कभी लगता है, अगर ये सवाल खत्म हो जाएँ, तो शायद सुकून मिल जाए। पर फिर एक डर भी उठता है कहीं उस सुकून में मैं खुद को ही न खो दूँ। शायद हम सवालों

के साथ नहीं जीते, हम उनके सहारे जीते हैं और मैं अभी भी उसी घर में हूँ जहाँ जवाब तो अधूरे हैं, लेकिन अधूरापन ही पूरा लगता है।

तुम्हारा कलम...

62

चुप्पियों का बोझ

प्रिय स्याही,

आज मेरा मन भरा हुआ है, लेकिन शब्द साथ नहीं दे रहे। कभी-कभी चुप रहना हमारा चुनाव नहीं होता, बल्कि एक ऐसी स्थिति बन जाती है जिसे समझाना भी आसान नहीं होता और ना ही समझना।

मेरे भीतर बहुत कुछ है जो बाहर आना चाहता है और हर बार कोई अनकहा डर उसे रोक लेता है। जैसे शब्द बाहर आते ही अपनी ताकत खो देंगे, या किसी ऐसी जगह चोट पहुँचा देंगे जहाँ पहले से ही दर्द मौजूद है। क्या खामोशी भी कभी आवाज़ बन सकती है? या वो बस एक ऐसा सन्नाटा है जो धीरे-धीरे अंदर भरता जाता है?

मैंने कई बार सोचा तुम्हें सब कुछ कह दूँ बिना छुपाए, बिना रुके। पर फिर लगा, हर बात कहना ज़रूरी नहीं होता। कुछ बातें कही नहीं जातीं बस जी जाती हैं। आज मेरी चुप्पी खाली नहीं है, ये मेरे भीतर की सबसे सच्ची परत है। जिसे तुम कभी ना कभी जरूर समझोगे।

तुम्हारा कलम...

63

वो जो कभी कहा नहीं

प्रिय स्याही,

कुछ बातें ऐसी होती हैं जो सही वक्त पर कह दी जाएँ तो बहुत कुछ बदल सकता है और तुम्हें भी यह बात पता है कि अक्सर वही बातें हम कह नहीं पाते। शब्द होंठों तक तो आते हैं और दिल की धड़कनों के साथ साथ तेज़ भी होते हैं, लेकिन अगले ही पल अचानक कहीं खो जाते हैं।

मुझे वो एक पल आज भी याद है जब मेरे पास सब कुछ कहने का मौका था। आँखों में साफ़ जवाब था, दिल में कोई झिझक नहीं थी फिर भी पता नहीं मैंने खामोशी चुन ली।

क्यों?

इसका जवाब आज भी नहीं मिला। शायद डर था कि सच कह देने से कुछ बदल जाएगा या तुम बदल जाओगे। वैसे तो अब वह पल बीत चुका है, पर उसका असर अब भी बाकी है।

कभी-कभी लगता है, कुछ न कहना भी एक फैसला होता है और उसका बोझ कह देने से कहीं ज़्यादा अधिक होता है जिसे जिंदगी भर ढोना पड़ता है।

तुम्हारा कलम...

64

बीते लम्हों की आहट

प्रिय स्याही,

आज मेरे दरवाजे पर कुछ पुराने लम्हों ने अचानक दस्तक दी। ना मैंने उन्हें बुलाया था और ना ही मैं उनके लिए तैयार था फिर भी वो आ गए।

अजीब है ना, ये बीता हुआ समय कभी पूरी तरह जाता ही नहीं, बस कहीं चुपचाप ठहर जाता है और सही पल मिलते ही लौट आता है।

तुम्हें यकीन नहीं होगा लेकिन मैंने उन्हें अनदेखा करने की पूरी कोशिश की, खुद को समझाया कि अब उनका कोई मतलब नहीं है लेकिन सच तो यह है कि कुछ पल मतलब से नहीं, उनसे जुड़ी याद से टिके रहते हैं।

और जब वो लौटते हैं, तो अपने साथ वही पुरानी खुश्बू, वही अधूरी हँसी लेकर आते हैं। क्या हर इंसान अपने अतीत से बंधा रहता है? या कुछ लोग सच में उससे आगे बढ़ जाते हैं?

मैं हमेशा कोशिश करता हूँ आगे देखने की, पर हर बार कोई याद पीछे खींच लेती है। शायद मैं अभी भी उसी मोड़ पर खड़ा हूँ, जहाँ से बस रास्ते अलग हुए थे।

तुम्हारा कलम...

65

यादों का धुंधलापन

प्रिय स्याही,

तुम्हारी कुछ यादें अब वैसी नहीं रहीं जैसी पहले हुआ करती थीं। उनका रंग हल्का पड़ गया है और तस्वीर थोड़ी धुंधली हो गई है।

पहले साथ बिताये हर पल साफ़ दिखाई देता था हर बात, हर हँसी, हर एहसास, लेकिन अब जैसे समय ने उन पर एक पतली सी परत चढ़ा दी हो। क्या तुम्हारी यादों का फीका पड़ना ज़रूरी था, ताकि मैं आगे बढ़ सकूं?

मैं उन्हें थामे रखना चाहता था, हर छोटी-सी बात को सहेजकर। पर वो धीरे-धीरे मेरे हाथ से फिसल जाती हैं ठीक वैसे ही जैसे रेत मुट्ठी में नहीं टिकती। फिर भी एक बात अजीब है तस्वीर धुंधली तो हो सकती है, पर उसका असर कम नहीं होता।

या शायद हम कभी कुछ भूलते नहीं, बस याद करने का तरीका बदल जाता है।

तुम्हारा कलम...

66

तन्हाई का सच

प्रिय स्याही,

तुमको तो पता नहीं होगा लेकिन तन्हाई सिर्फ अकेले होने का नाम नहीं है यह वो स्थिति है, जब इंसान लोगों के बीच रहकर भी भीतर से खाली महसूस करता है। आज मैं भीड़ में खड़ा था। चारों तरफ हँसी थी, तुम्हारी बातचीत थी, आवाज़ों का शोर था पर मेरे अंदर एक अजीब सा सन्नाटा फैला हुआ था।

मैंने खुद से बात करने की बहुत कोशिश की, पर जैसे जवाब देने वाला कोई बचा ही नहीं था। कभी-कभी हम दूसरों के इतने करीब हो जाते हैं कि खुद से बहुत दूर हो जाते हैं।

आज पहली बार मैंने उस खालीपन से बचने की कोशिश नहीं की। मैं वहीं रुका रहा, उसे समझने की कोशिश करता हुआ। क्योंकि यही वो जगह है, जहाँ इंसान अपने असली रूप से मिलता है बिना किसी दिखावे के, बिना किसी परत के।

वैसे तो तन्हाई हमें डराती जरूर है, पर शायद वही हमें अपने सबसे करीब भी लाती है और यहीं से खुद तक लौटने की शुरुआत भी होती है।

तुम्हारा कलम...

67

अनकहे रिश्तों की डोर

प्रिय स्याही,

कुछ रिश्ते ऐसे होते हैं, जिन्हें किसी नाम में बाँधना उन्हें छोटा कर देना लगता है। ना उनकी कोई तय शुरुआत होती है, ना कोई निश्चित अंत फिर भी उनका असर सबसे गहरा होता है।

कभी एक नज़र, कभी एक हल्की सी मुस्कान और कभी बिना कुछ कहे समझ जाना यही उनकी पहचान होती है।

मैंने भी तुम्हारे साथ एक ऐसा रिश्ता जिया है, जिसे कभी शब्दों में बाँधने की कोशिश नहीं की। शायद इसी वजह से वो सच्चा बना रहा, क्योंकि उस पर उम्मीदों का बोझ नहीं था।

आज तुम साथ नहीं हो, फिर भी तुम्हारी मौजूदगी कहीं न कहीं बनी हुई है। कभी किसी खामोशी में, कभी किसी याद में आज भी अपने होने का एहसास दिला देता है।

शायद हर जुड़ाव को नाम की ज़रूरत नहीं होती, कुछ रिश्ते बस महसूस नहीं, बल्कि चुपचाप जिए जाते हैं।

तुम्हारा कलम...

68

खोई हुई मुस्कान

प्रिय स्याही,

कभी मेरी मुस्कान बहुत सहज हुआ करती थी बिना किसी वजह के भी चेहरे पर आ जाती थी। छोटी-छोटी बातों में खुशी मिल जाती थी और दिन बिना किसी बोझ के गुजर जाता था।

अब भी मैं मुस्कुराता हूँ, लोगों के साथ हँसता हूँ, बातें करता हूँ पर वो सच्चाई अब मेरी मुस्कान में नहीं रही।

आईने में खुद को देखता हूँ, तो चेहरा वही लगता है लेकिन उसकी चमक जैसे कहीं पीछे छूट गई है। शायद वक्त धीरे-धीरे बहुत कुछ बदल देता है, बिना शोर किए, बिना किसी को कुछ बताए।

कभी सोचता हूँ क्या वो पुरानी मुस्कान वापस आ सकती है? या कुछ चीज़ें एक बार चली जाएँ तुम्हारी तरह, तो केवल उनकी याद ही रह जाती है?

अब मैं ना तुम्हें और ना उस मुस्कान को ढूँढने की कोशिश नहीं करता, बस इतना चाहता हूँ कि एक दिन सब खुद लौट आए।

तुम्हारा कलम...

69

दिल के बंद दरवाज़े

प्रिय स्याही,

मैंने अपने दिल के कुछ दरवाज़े अब हमेशा के लिए बंद कर दिए हैं। पहले हर किसी के लिए जगह थी, हर नए जुड़ाव हर नए इंसान के लिए रास्ता खुला था।

लेकिन हर बार जब जब भरोसा टूट जाता था, एक दरवाज़ा और बंद होता गया। अब हाल ये है कि कभी-कभी खुद को भी भीतर आने में हिचक होती है।

समझ नहीं आता ये खुद को बचाने का तरीका है या फिर खुद को ही कैद कर लेने का। क्योंकि बंद दरवाज़ों के पीछे सिर्फ सुकून नहीं होता, एक गहरा सन्नाटा भी होता है और उस सन्नाटे में कई बार अपनी ही आवाज़ अनजानी लगने लगती है।

फिर भी, मैंने अभी तक उन्हें खोलने की हिम्मत नहीं की। शायद डर अब भी बाकी है या शायद आदत बन चुकी है।

तुम्हारा कलम...

70

ठहरे हुए पल

प्रिय स्याही,

कुछ पल ऐसे होते हैं जो वक्त के साथ आगे नहीं बढ़ते बस वहीं ठहर जाते हैं। मैं आज भी उन्हीं पलों में अटका हुआ हूँ, जहाँ सब कुछ बदल सकता था, पर कुछ भी नहीं बदला।

वक्त आगे निकल गया, लोग भी अपनी राहों पर बढ़ गए पर मैं वहीं रह गया। कभी-कभी लगता है, जैसे मेरा एक हिस्सा उसी मोड़ पर छूट गया हो।

अब जो मैं हूँ, वो पूरा नहीं बस अधूरा सा विस्तार हूँ। मैंने कई बार कोशिश की है उन पलों से बाहर निकलने की, लेकिन हर बार वही पुरानी यादें मुझे वापस खींच लेती हैं।

शायद कुछ लम्हा हमारे साथ नहीं चलते, हम ही उनके साथ चलने लगते हैं और फिर वही ठहराव हमारी आदत बन जाता है।

तुम्हारा कलम...

71

एक अधूरी मुलाकात

प्रिय स्याही,

हम मिले तो थे, लेकिन वो मुलाकात पूरी नहीं हो पाई। कुछ बातें होंठों तक आकर रुक गईं, कुछ शब्द अपने समय का इंतज़ार करते रह गए और कुछ खामोशियाँ ऐसी थीं जो सब कहकर भी अनकही रह गईं।

वो पल छोटा था, पर उसका असर बहुत लंबा चला। आज भी जब उस दिन को याद करता हूँ, तो लगता है अगर तुम थोड़ी देर और रुक जाते, तो शायद कहानी का रुख बदल जाता।

पर शायद हर मुलाकात पूरा होने के लिए नहीं होती। कुछ मिलन ऐसे होते हैं जो अधूरे रहकर ही अपनी जगह बना लेते हैं।

क्योंकि जब सब कुछ कह दिया जाता है, तो बात वहीं खत्म हो जाती है और जब कुछ बाकी रह जाता है, तो वही "बाकी" लंबे समय तक साथ चलता है और इसी अधूरेपन में उस मुलाकात की असली गहराई छुपी है।

तुम्हारा कलम...

72

सन्नाटे का शोर

प्रिय स्याही,

खामोशी हमेशा शांत नहीं होती। कई बार उसके भीतर बहुत कुछ चलता रहता है। आज चारों तरफ सन्नाटा है, पर मेरे भीतर एक लगातार चलने वाला शोर है।

ये शोर उन बातों का है जो तुमसे कभी कही नहीं गईं, उन सवालों का है जो अब तक अनसुलझे हैं। मैंने उनसे बचने की बहुत कोशिश की, खुद को व्यस्त रखने की भी लेकिन वो हर बार किसी न किसी तरह लौट आते हैं।

और मैं जितना उन्हें अनदेखा करता हूँ, वो उतनी ही स्पष्ट सुनाई देने लगते हैं। अब समझ में आ रहा है खामोशी से भागने से कुछ बदलता नहीं, बस वो और गहरी हो जाती है।

शायद अब वक्त है रुककर उसे सुनने का और जो भीतर चल रहा है उसे स्वीकार करने का। क्योंकि कुछ जवाब शोर में नहीं, इसी सन्नाटे में मिलते हैं।

तुम्हारा कलम...

73

बिखरे हुए ख्वाब

प्रिय स्याही,

कुछ ख्वाब ऐसे होते हैं जो पूरे होने से पहले ही टूट जाते हैं। उनके टुकड़े हर तरफ बिखर जाते हैं और हम उन्हें समेटने की कोशिश करते रह जाते हैं।

मैं भी आज उन्हीं टुकड़ों को जोड़ने में लगा हूँ, पर हर बार कुछ हिस्सा छूट ही जाता है। हर टुकड़े में तुम्हारी एक याद है, एक कोशिश है और हमारी एक अधूरी कहानी भी।

तुम्हें पता है कभी कभी मैं सोचता हूँ, क्या इन्हें फिर से पहले जैसा बनाया जा सकता है? पर सच ये है कुछ चीज़ें टूटने के बाद वैसी नहीं रह पातीं।

फिर भी, मैंने सपने देखना नहीं छोड़ा है। क्योंकि शायद टूटे हुए ख्वाब ही हमें नए ख्वाब देखने की हिम्मत देते हैं और यही हिम्मत हमें आगे बढ़ाए रखती है।

तुम्हारा कलम...

74

वक़्त का फासला

प्रिय स्याही,

एक बात तो सच है कि वक्त सिर्फ दूरी नहीं बढ़ाता, ये रिश्तों की परतों को भी धीरे-धीरे बदल देता है। जो कभी हमारे बेहद करीब था, आज वही अजनबी सा लगने लगता है।

पहले बिना कहे सब समझ आ जाता था, तुम्हारी एक नज़र ही काफी होती थी। अब हाल ये है कि शब्द भी कम पड़ जाते हैं और कहने के बाद भी कुछ अधूरा रह जाता है।

शायद फासले सिर्फ रास्तों में नहीं बनते, वो दिलों के बीच भी खड़े हो जाते हैं - चुपचाप, बिना किसी आहट के।

और जब ये दूरी बढ़ती है, तो पास रहकर भी दूर होने का अहसास होने लगता है। कभी लगता है, वक्त ने हमें अलग नहीं किया, हमने खुद कोशिश करना छोड़ दिया।

अब बस तुम्हारी यादें रह गई हैं जो कभी पास खींचती हैं और कभी और दूर कर देती हैं।

तुम्हारा कलम...

75

खुद से मुलाकात

प्रिय स्याही,

बहुत दिनों बाद आज मैं खुद से मिला। आईने में चेहरा वही था पर उसे देखने का नज़रिया बदल चुका था। मैंने खुद से कुछ सवाल किए धीरे-धीरे, बिना जल्दबाज़ी के पर जवाब उतने आसान नहीं थे।

एक पल को मुझे लगा, क्या मैं सच में बदल गया हूँ? या मैं हमेशा ऐसा ही था, बस अब पहली बार खुद को साफ़ देख पा रहा हूँ?

हम अक्सर दूसरों को समझने में लगे रहते हैं और इस बीच खुद से दूर होते जाते हैं। लेकिन जब खुद से सामना होता है, तो वो मुलाकात आसान नहीं होती।

इसमें कोई बहाना नहीं चलता, कोई छुपाने की जगह नहीं होती सिर्फ सच्चाई सामने होती है। शायद खुद को समझने की शुरुआत यहीं से होती है।

तुम्हारा कलम...

76

बहते हुए दिन

प्रिय स्याही,

कुछ दिन ऐसे होते हैं जो बिना किसी खास वजह के गुजर जाते हैं ना कुछ खास होता है, ना कुछ पूरी तरह खाली लगता है। आज भी ऐसा ही एक दिन था।

सुबह से शाम तक सब चलता रहा, काम, बातें, लोग पर दिन जैसे हाथ से फिसलता चला गया। कभी-कभी लगता है, हम जी कम रहे हैं और बस समय के साथ बहते जा रहे हैं। हर दिन एक जैसा लगता है, जैसे कोई फर्क ही नहीं बचा।

मैंने आज रुककर सोचा कि क्या यही जीना है? या कहीं मैं बस आदत में जी रहा हूँ? अब तुम ही बताओ क्या सही है क्या गलत क्योंकि मेरे हिसाब से तो शायद जिंदगी हमेशा बड़े पलों में नहीं मिलती, वो इन्हीं छोटे-छोटे दिनों में छुपी होती है।

जरूरत बस इतनी है कि हम रुककर उन्हें महसूस करें, उन्हें यूँ ही गुजरने ना दें। क्योंकि जो दिन साधारण लगते हैं, वही धीरे-धीरे हमारी पूरी कहानी बन जाते हैं।

तुम्हारा कलम...

77

टूटी हुई उम्मीदें

प्रिय स्याही,

तुम्हें मालूम ना हो पर उम्मीद जब टूटती है, तो कोई आवाज़ नहीं होती बस उसका असर बहुत दूर तक जाता है।

वो धीरे-धीरे अंदर फैलती है और एक खालीपन छोड़ जाती है जिसे भरना कभी आसान नहीं होता। मैंने भी कुछ उम्मीदें संजोई थीं, पूरे भरोसे के साथ।

पर जब वो टूटीं, तो लगा जैसे कुछ अंदर से खिसक गया हो। फिर भी एक बात समझ में आती है इंसान उम्मीद करना छोड़ नहीं पाता। शायद यही उसकी सबसे बड़ी ताकत है, कि टूटने के बाद भी वो फिर से शुरुआत करने की कोशिश करता है।

मैं भी अब वही कर रहा हूँ टूटने के बाद खुद को फिर से जोड़ने की कोशिश। शायद इस बार उतना भरोसा ना हो, पर कोशिश जरूर होगी। क्योंकि उम्मीद ही वो चीज़ है जो हमें रुके रहने नहीं देती।

तुम्हारा कलम...

78

मन का अंधेरा

प्रिय स्याही,

हर इंसान के भीतर एक कोना ऐसा होता है जिसे वो दुनिया से छुपाकर रखता है। वो हिस्सा जहाँ सच बिना किसी परत के मौजूद होता है—कभी कड़वा, कभी भारी।

वैसे तो मैं भी लंबे समय तक अपने अंदर के उस हिस्से से बचता रहा हूँ। हर बार जब वो सामने आता, मैं अपनी नजरें फेर लेता। पर आज मैंने उसे देखने की कोशिश की—बिना डर के, बिना भागे।

और अजीब बात यह थी कि वो उतना डरावना नहीं था, जितना मैंने सोच रखा था। शायद हम जिस चीज़ से सबसे ज्यादा डरते हैं, वो हमारा ही एक हिस्सा होती है जिसे हमने कभी स्वीकार नहीं किया।

अब मुझे समझ में आ रहा है कि उससे भागने से कुछ बदलता नहीं, बस दूरी बढ़ती जाती है और उसे अपनाना ही खुद को पूरा करने का एक तरीका है।

तुम्हारा कलम...

79

यादों की परछाई

प्रिय स्याही,

यादें कभी खत्म नहीं होतीं, वे बस अपना रूप बदल लेती हैं। कभी वे साफ़ तस्वीर की तरह सामने होती हैं और कभी एक हल्की सी परछाई बनकर साथ चलती हैं।

मैं आज उन्हीं परछाइयों के साथ चल रहा हूँ उन्हें मिटाने की कोशिश किए बिना। क्योंकि अब मुझे समझ आया है कि उनसे भागने से वो दूर नहीं जातीं, बस और गहरी हो जाती हैं।

हर परछाई के पीछे एक रोशनी जरूर होती है, जो कभी न कभी सामने आ ही जाती है। शायद यादें हमें रोकती नहीं, बल्कि हमें यह याद दिलाती हैं कि हमने क्या जिया है।

अब मैं उन्हें हटाने की कोशिश नहीं करता, बस उन्हें अपने साथ लेकर चलना सीख रहा हूँ। क्योंकि कुछ चीज़ें पीछे नहीं छोड़ी जातीं, उन्हें साथ लेकर ही आगे बढ़ा जाता है।

तुम्हारा कलम...

80

आख़िरी नहीं, फिर भी अंत सा

प्रिय स्याही,

यह मेरा आख़िरी ख़त नहीं है, फिर भी एक अंत जैसा लगता है। क्योंकि कुछ सफ़र ऐसे होते हैं, जो खत्म होकर भी खत्म नहीं होते बस उनका रास्ता बदल जाता है, और हम उन्हें एक नए नाम से जीने लगते हैं।

इस पूरे सफ़र में बहुत कुछ पीछे छूट गया कुछ रिश्ते, जो कभी बहुत अपने थे, कुछ पल, जो दोबारा कभी वैसे लौटकर नहीं आए और शायद मेरे अपने कुछ हिस्से भी, जो वक्त की किसी मोड़ पर चुपचाप रुक गए।

पर अजीब बात यह है ना, तुमको खोते-खोते ही मैंने खुद को पाना शुरू किया। मैंने अपने भीतर उन जगहों को जाना, जिनसे मैं पहले अनजान था।

अब मैं पहले जैसा बिल्कुल नहीं हूँ और शायद यही इस सफ़र की सबसे सच्ची बात है कि इंसान बदलता है, चाहे वो चाहे या नहीं।

मेरे ये सारे ख़त तुम पढ़ पाओगे या नहीं, ये मैं नहीं जानता। पर अगर ये कभी फिर से पढ़े जाएँ, तो शायद इनमें

वही बातें नहीं दिखेंगी जो आज दिख रही हैं क्योंकि हर बार पढ़ने वाला बदल चुका होगा और उसके साथ इन शब्दों के मायने भी।

शायद यही इन ख़तों की असली खूबसूरती है ये सिर्फ लिखे नहीं गए, ये जीए गए हैं और अब जब मैं इस पड़ाव पर खड़ा हूँ, तो ये अंत कम, एक ठहराव ज़्यादा लगता है जहाँ से आगे की राह फिर से शुरू होती है।

और शायद यह बदलाव अंत नहीं है, बल्कि एक नई शुरुआत है। जहाँ मैं फिर से लिखना सीखूँगा बिना डर के, बिना किसी उम्मीद के बोझ के। वैसे तो कहानियाँ बदलती रहती हैं, पर जो भीतर बचा रह जाता है वही हमें आगे बढ़ने की वजह देता है और मैं अब उसी वजह के साथ आगे बढ़ रहा हूँ।

हमेशा तुम्हारा कलम...

www.ingramcontent.com/pod-product-compliance
Lightning Source LLC
LaVergne TN
LVHW090413210926
848480LV00002B/557
9798904513009